KB274975

세상 사는 작은 이야기

세상 사는 작은 이야기

이창범 수상집

용서와 감사의 삶

능선이 험할수록 산은 아름답다.

지극히 부족한 수상집을 조심스럽게 내면서 참으로 원하기는 그간 나의 부족으로 화해하지 못했던 인연들과 조용히 화해하고 싶다. 사는 동안 가시가 되어 나에게 늘 아픔을 주던 일들…… 이 모든 것에 대한 용서는 하나님의 은혜 안에서만 가능하기에 그 분께 온전히 의탁한다.

그 긴 세월, 나는 너무 많이 넘어졌었다. 그때마다 그리스도께서는 내 의지나 노력 그리고 결심, 용기, 믿음까지 관장해 주시고, 이렇게 풍부한 자유함을 주셨다. 그럼에도 나는 욕심을 부려 더욱 더 많은 것을 원하지 않았던가. 이제 맑고 향기로운 시간과 그 공간을 그리스도께 바치며 모든 것이 그리스도의 것임을 진실로 고백한다. 살아가기가 너무 버거울 때 사람들은 그 원인을 흔히 남의 탓으로 돌리기 일쑤지만 그것조차도 그리스도께 감사함으로 돌릴 때에 축복이 임하실 줄 확신한다.

나는 최악의 환경에서 자유를 잃고 고통이 엄습했지만

그리스도께서 나의 눈물의 기도를 받아주셨기에 그 고난을 극복할 수 있었다. 그동안 맺었던 인연 중에서 혹시 나 때문에 상처받고 가슴에 응어리가 남아 있는 분이 있다면 이번 기회에 관대히 용서해 주실 것을 빈다.

별을 그리던 생텍쥐베리는 쇠창살 안에 갇혀 있는 심정을 가슴으로 이해한다고 했다. 구름처럼 떠돌고 물처럼 흐른다고 해서 운수행각雲水行脚이라고 했던가. 우리들의 고난과 고통이 차라리◆구름을 사랑하는 헷세였으면 좋았을 것이다.

어느 시인은 꽃과 새와 별은 이 세상에서 가장 정결한 기쁨을 우리에게 베풀어 준다고 했다. 비록 길을 잃은 철새라고 해도 그 깊은 내면에는 참으로 진솔한 아름다움이 있다.

필자의 손자가 길거리에서 날지 못하고 떨고 있는 십자매 한 마리를 습득, 집에서 기르게 되었다. 새에 대한 상식이 없는 필자는 아침 저녁 외롭게 우짖는 새를 보고 불현듯 '38년' 동안 동행해 준 처에게 고맙고 감사함을 절실히 느꼈다. 그래서 다짐했다. 사랑하는 아내를 생명이 다하는 날까지 사랑하리라고.

어려운 여건 속에서 지혜를 주시어 수상집을 쓰게 해주신 그리스도께 영광을 올리고, 아픔을 간직한 많은 분들이 자료를 제공, 집필에 큰 도움을 주셨음에 감사한다. 그리고 그분들의 아픔이 하루 빨리 치유될 것과 편견과 선입관이 난무하는 지금의 세태에서 모두 긍정적인 삶이 되어지기를 바란다. 아울러 부족한 나를 믿고 따라준 가족에게 뜨거운 사랑을 전하고 싶다.

끝으로 이 책을 펴내는데 교정과 편집에 심혈을 기울여 주신 미래문화사 대표 임종대 님과 함께 일하는 분들께 고맙다는 말씀을 전한다.

2005년 정초에
이 창 범

차례

사회의 장

종교의 장

일상日常의 장

예술의 장

공자와 바보가 다른 점은 바로 듣는 것의 차이일 뿐이다.
"바보는 공자 말씀도 그냥 흘리는 반면에
공자는 하찮은 바보의 말을 듣고도 배운다."
이 말은 말의 중요함을 지적한 것이다.
인간관계에서 그 사람을 믿을 것인가, 말 것인가 하는 것은
그 사람의 말에 의해 선택되어진다.

– 〈아름다운 말·1〉 중에서

아름다운 말 · 1

　물의 입자를 연구한 에모토 마사루江本 勝에 따르면 ‘아름다운 말을 하면 그 파동이 전달되어 물 입자가 꽃처럼 아름다운 에메랄드 색으로 나타난다’고 한다. 또 ‘곡식은 농부의 발소리를 듣고 자란다’라는 속담은 부지런한 농부가 농사를 잘 짓는다는 의미만 담고 있는 것은 아니다. 과학자들의 연구에 따르면 농부의 발소리를 자주 듣는 농작물은 실제로 그만큼 농부의 관심과 배려를 느낀다고 한다.

　안서雁書라고 하면 한자 그대로는 기러기가 전해 준 글이란 뜻으로 먼 거리에서 전해온 반가운 편지라는 뜻이다. 가을에 찾아드는 기러기는 예로부터 풍년의 희망을 날라다 주는 새로 알려져 있다.

　그런 아름다운 말에서 릴케의 시를 소개한다면. ‘쌀쌀한

도시에서 / 손을 잡고서 / 나란히 둘이서 걷는 사람만 / 언젠가 한번은 봄을 볼 수 있으니……' 이 얼마나 아름다운 시인가!

구약성서에 '착한 사람의 입은 지혜를 속삭이고, 그 혀는 정의만을 편다. 그 마음에는 하나님의 법이 새겨져 있으니 그의 발걸음이 흔들리지 아니하리라.'고 했다. 가정에서도 부부간에 말을 잘 골라 해야 한다. 부부간에는 허물이 없다고 해서 하고 싶은 대로 불쑥불쑥 상대에게 상처를 주는 말을 했다가 급기야 그것이 불행의 단초가 되어 돌이킬 수 없는 이혼까지 가는 것을 우리 주변에서 가끔 본다.

논어에서 '옛사람이 말을 함부로 하지 않는 것은 몸소 실천함이 따르지 못할까 두려워하였기 때문이라'고 했다. 우리는 감정을 제어할 줄 아는 지혜와 총명함이 있어야 한다. 또 말은 적당한 때에 멈출 줄 알아야 한다. 그리하면 허물과 후회가 자연히 적어질 것이다.

어느 아파트 부녀회에서 전 회장과 현 회장 사이에 잘못된 말이 문제가 되어 법정에까지 서게 되었다. 그러자 말을 잘못한 현 회장이 우울증까지 앓게 되었다고 한다.

서양 격언에 '언어는 존재의 집'이란 말이 있다. 서양의 전통은 말Logos의 전통이라고 해도 과언이 아니다. 오죽하면 '하나님 말씀이 우리 안에 거하신다'고 했을까?

말을 못하는 것은 무능이다. 부부 사이에도 늘 사랑한다고 말해야 한다.

소크라테스는 '말은 제2의 얼굴이며, 인간의 말은 그의 인생과 같다' 고 했다. 우리나라 속담에 '말이 내 입 안에 있을 때는 내가 마음대로 할 수 있지만 입 밖으로 나오면 여덟 폭 치마로도 덮을 수가 없다' 라고 했다. 말을 아낀다는 것이 얼마나 어려우면 루시dks Klucian은 '3일 굶기보다도 말을 절제하는 것이 더 힘들다' 고 했겠는가.

김용인 님은 성공전략 칼럼에서 '나이 예순을 가리키는 이순耳順이라는 말은 귀가 순해져 남의 이야기를 제대로 들을 수 있다는 뜻이다' 라고 했다. 인생 육십이 돼서야 겨우 귀가 순해져 다른 사람의 말을 잘 듣는다는 것은 그것을 깨닫는다는 것이 얼마나 어려운 것인가 하는 걸 말해 준다.

공자와 바보가 다른 점은 바로 듣는 것의 차이일 뿐이다.

"바보는 공자 말씀도 그냥 흘리는 반면에 공자는 하찮은 바보의 말을 듣고도 배운다." 이 말은 말의 중요함을 지적한 것이다. 인간관계에서 그 사람을 믿을 것인가, 말 것인가 하는 것은 그 사람의 말에 의해 선택되어진다.

전前 헌법재판소장이 말에 대하여 "우리나라 어떤 대통령은 스스로 말을 잘한다고 생각하는 것 같은데 사실 그 대통령이 발언할 때마다 조마조마하다"고 털어 놓은 뒤, "대통령이란 자리는 가급적 말은 줄이고 실천을 통해 자신의 국정철학과 정책을 보여주는 자리"라고 쓴 칼럼을 읽고 마음 아파한 일이 있었다. 노자는 "아는 자는 말하지 않고, 말하는 자는 알지 못한다."고 했다. 그 말은 현명하게 사는 방법을 아는 사람은 함부로 이야기하지 않는다는 뜻이고 보면 결국 믿음직스런 말을 하자고 말하고 싶다.

세상 사람들은 '저 사람 참 말 잘한다.' 또는 "변호사 같다"는 표현을 쓴다. 그러나 공자는 고요한 말과 살랑대는 낯빛을 하는 사람 중에 어진 사람이 드물다고 했으니, 우리들은 이 말을 되새겨 보아야 할 것이다. 불교에서는 마음에 끌려 다니지 말라고 했다.

'어리석음으로 거북이의 등을 물어뜯는 파리는 자신의 주둥이를 상하게 한다.' 라는 말이 있다. 국문학자 김열규 교수는 어리석은 말에 대하여 '다스리지 못하는 어긋남이고, 막다른 골목에서 뿜어대는 막가는 말' 이라고 했다. 또 "소외나 일탈의 두려움과 초조감이 욕으로 터져 나온다."고 했다. 그리고 '실제로 말다툼이 벌어지면 궁지에 몰린 쪽에서 먼저 언성을 높이고, 욕설을 뱉으며, 하위 집단에서 욕구불만을 발산하는 수단으로 사용한다' 고 했다.

자고로 우리네의 친정어머니들은 시집가는 딸에게 이르기를 "너는 시집가서 벙어리 3년, 귀머거리 3년, 장님 3년이라는 말을 명심하고 시집살이를 하여라." 하였다. 이 평범한 진리의 말을 딸에게 각인시켜 함부로 말을 하여 화를 불러 일으키지 말라는 참삶의 교훈을 주입했던 것이다.

우리들은 세상을 살면서 어떤 부탁을 받을 경우가 있는데 그 경우 가능하든 불가능하든 즉답은 피하고 '한번 노력해보지요' 하고 뒷날 그 부탁을 들어주지 못할 경우에 대비하는 신중을 기하는 것이 좋다. 그렇게 해서 마음에 상처를 최소화할 수 있다.

우리가 대화할 때 '솔직히 말해서'라는 말을 강조하는 경우가 있다. 그러면 지금까지 한 말은 모두 허위였단 말인가? 물론 사람에 따라 성격의 차이는 있지만 구약성서(잠언 10:19절)에 있는 '말이 많으면 허물을 면하기 어려우나 그의 입술을 제어하는 자는 지혜가 있느니라'라는 성경구절처럼 늘 묵상하고 세상을 살아간다면 열매 맺는 입술이 될 것이다.

또 구약성서에는 '미련한 자는 그 입으로 망하고 그 입술에 스스로 옭아매인다'는 대목이 있다. 이처럼 예로부터 입조심을 타이르고 겁을 주는 말은 숱하게 있어 왔다. 그리고 우리나라 속담에 '엎지른 물과 마찬가지로 뱉은 말은 다시 주어 담지 못한다'고 했다.

대답을 안 하자니 입장이 난처하여 막상 대답을 하고 난 후, 그 말의 약속을 지키지 못하여 신망을 잃어버리는 경우를 주변에서 볼 수 있다.

명심보감에 '입은 사람을 상하게 하는 도끼요, 말은 혀를 베는 칼이니, 입을 다물고 혀를 깊이 감추면 몸을 완전히 하여 견고하리라. (언어편 화환지문禍患之門, 멸신지부야滅身之斧也, 언시할설도言是割舌刀, 폐구심장설閉口深藏舌, 안신

처처뢰安身處處牢)’라는 구절이 있다. 또 ‘한 때의 분함을 참으면 백날의 근심을 면하느니라(忍一時之忿, 免百日之)’라고 했다.

50대 중반의 향교 출입으로 제사에 능숙하고 한문깨나 익힌 분이 어느 제사집에서 제사음식을 잘못 차렸다고 시비를 벌여 그 집 제사가 엉망이 되었다. 옛말에 사돈댁 오이 먹는 풍습도 각각인데 남의 제사에 감 놓아라 대추 놓아라 하지 말라고 하지 않았던가. 선가禪家에서는 말에 대한 경계로, ‘입을 여는 순간 이미 그르쳤다.’고 한다. 그 유생은 자신을 뒤돌아보고 말의 중요성을 되찾아야 할 것이다.

그리고 ‘도리에 맞는 말은 스스로 장壯하나, 왜곡하는 말은 그 목소리가 반드시 높아진다.(유리언자장有理言自壯, 부굴성필고負屈聲必高).’ 명나라 풍몽룡이 쓴 경세통언警世通言에 나오는 말이다.

신약성경(야고보서 3:6절)에 ‘혀는 곧 불이요, 불의 세계라, 혀는 우리 지체 중에서 온몸을 더럽히고 생의 바퀴를 불사르나니 그 사르는 것이 지옥 불에서 나느니라.’ 하는 말이 있는 바 이는 말의 중요성을 강조하심이다. 또 에베소서 4:29절에 ‘더러운 말은 입 밖에도 내지 말며, 도리와 덕을 세우는데는 선한 말을 하여 듣는 자에게 은혜를 끼치라’고 하셨다. 입을 조심한다고 해서 아예 사용하지 않을 것이 아니라 잘 사용하여 이웃에게 큰 덕을 베풀어야 한다.

채근담에 '들리는 말마다 귀를 즐겁게 해주고……' 라는 말이 있다.

물론 상대방이 말을 잘못하더라도 듣는 사람이 그 말을 거르는 식견과 지혜가 필요하다. 만약 남들이 아부하는 소리만 듣고 하는 일마다 순조롭다면 마치 독약 속에 묻혀 도취하는 것과 같을 것이다. 채근담은 생활의 장에서 '입은 곧 마음의 문이니, 입을 엄격히 간수하지 않으면 참된 기밀이 모두 새어나가며, 뜻은 마음의 발이니 엄격히 막지 않으면 그릇된 길로 달아나버린다.' 고 했다.

의사나, 약사, 한의사들의 진료와 처방에 따라 환자가 소생하기도 하고 죽게도 되는 것과 같이 말은 정말 중대하므로 모두가 은혜를 주는 말만 하길 바란다.

아름다운 말 · 2

공자는 '말을 모르면 사람을 알 수 없다(不知言 無以知以也)'라고 했다. 또 '현명한 자의 말은 온화하고 철학적인 말은 명쾌하다. 고상한 자의 말은 상쾌하고 통달한 자의 말은 너그럽다. 기이한 자의 말은 독창적이며 운치 있는 자의 말은 다정다감하다(其人 賢者 其言雅 其人 哲者其言快 其人 高者其言 夷其人 達者其言曠 其人 其者創 其人 多情而可思)'라고 했다. 이렇게 말은 사람에 따라, 말에 따라, 대접을 달리 받음을 알 수 있다.

장자는 말이란 뜻을 전달하는 도구이니 뜻을 전달하고 나면 이내 잊는다는 뜻으로 "내 어찌 말을 잊은 사람을 만나 더불어 이야기할 수 있겠는가."라고 했다. 즉 근본을 얻고 나면 그 수단에 구애받지 말아야 한다는 뜻이다.

언어는 얼굴과 함께 그 사람의 인품을 나타내는 통로다. 말을 개괄적으로 보면 친절에서 나오는 부드러운 말, 급한 마음에서 생기는 경솔한 말, 어두운 마음에서 나오는 독한 말, 우울한 심정을 보여주는 힘없는 말로 구분할 수가 있다.

또한 언어 군평편을 보면 '소문에 귀를 닫고 입을 조심하라.' '입과 혀는 재앙과 근심이 드나드는 문이요, 몸을 망치는 도끼다.' 등의 말이 나온다.

언어는 일종의 예술이다. 그래서 신이 주신 선물이라고 하지 않던가. 구약성경(창세기 49:1~33)에도 말씀이 있고, 또 찬송가 23장 1절에서 '만일 입이 내게 있으면 그 입 다 가지고 내 구주 주신 은총을 늘 찬송하겠네' 라고 말하고 있다.

우리는 언어를 통해 사람을 죽이기도 하고 살릴 수도 있다. "시기와 다툼과 요란함과 정죄는 죽이게 하지만 격려와 칭찬과 용서는 사람을 살리는 것이다."

아름다운 말의 예를 들어보면 '괜찮아요, 사랑해요, 미안해요, 잘하셨어요, 훌륭해요, 고마워요, 감사해요.' 등이 있다. 아무런 이해관계가 없어도 그런 말을 들었을 때는 마음이 편안해지고 상대방의 인품도 부담 없이 믿고 싶어진다.

우리는 자신이 지금 함부로 말하고 있지는 않는지 생각

해보지도 않고 조심없이, 책임감없이, 말을 하여 상대방에게 상처를 준다.

어느 노부부는 한 자리에 있기만 하면 말을 함부로 하여 서로 티격태격 싸움질을 하게 되더란다. 그래서 차라리 헤어질까도 여러번 생각했다고 고백했다. 그 말을 듣고 원인을 분석한 바 그 부인에게 성격적 결함이 있음을 발견하게 되었다. 그래서 그 원인이 하나의 병적현상임을 알게는 되었지만 늙어 헤어진다면 얼마나 불행할까 싶어 그냥 살고 있단다.

사전적으로 혀, 입, 입술 등의 의의를 고찰해보자.

혀는 성경에서 단순히 신체적 의미뿐만 아니라(시편 22:15, 막7:33)그 말을 잘하는 능력(출4:10, 약1:26, 요일3:18)이나 여러 가지 표현방법을 지칭한다. 또 입이란 입술에서 목구멍에 이르는 부분으로 음식물을 받아들이고, 소리를 내는 신체의 기관이다. 그리고 입술이란 입 입구의 아래 위에 붙은 살을 말한다. 이렇게 혀, 입, 입술은 삼위일체의 조화로 말을 하는 기관이면서 건강도 지켜주는 삼박자의 기관이다.

솔로몬은 전도서 12:11절에서 '지혜자의 말씀은 찌르는 채찍 같고, 회중에 스승의 말씀은 잘 박힌 못 같으니, 다 복자의 주신 바니라' 라고 말하고 있다.

우리의 말에는 반드시 두 가지가 들어 있어야 하며, 결코 하나라도 없어서는 안된다. 에베소서 4:15절에서는 '사랑 안에서 참된 것을 말하라' 고 이야기하며 잠언 3:3절에서는 '인자와 진리로 네게서 떠나지 않게 하고 그것을 네

목에 매며 네 마음판에 새기라’고 말하고 있다.

중국의 철학자 ‘장사숙’은 ‘자기가 입에 올린 말이면 그 말에 책임을 다하고 충성해야 한다. 열성과 진실로서 약속한 일은 행동에 옮겨야 한다.’라고 했다.

우리들은 평생 동안 실천도 못하면서 얼마나 많은 약속을 하고 있는가? 그리스 속담에 ‘신에게 촛불을 약속하지 말라’, ‘아이들에게 과자를 약속하지 말라.’라는 말이 있다. 깊이 새겨보아야 할 말들이다.

아름다운 말 · 3

　화자구출禍自口出 병자구입病自口立이라, 화는 입으로부터 나오고, 병은 입으로 들어간다. 즉 눈, 코, 귀로 인해 병이 생겼다면 그것은 치료하면 그뿐이지만 입으로부터 생기는 병은 남에게 해를 끼칠 수 있다.

　보살계본인 범망경梵網經에는 열 가지 중요한 계 가운데 "자기를 칭찬하고 남을 비방하거나 남을 시켜 자신을 칭찬하게 하고 다른 사람을 헐뜯게 해서는 안된다"고 했다. 또 같은 보살계본에 "비방하지 말라. 나쁜 마음으로 남을 까닭 없이 비방하면서 그가 허물을 지었다고 말하지 말라, 남을 해롭게 하여 함정에 빠뜨리면 죄가 된다", "인간은 강물처럼 흐르는 존재다", "세 치 혀로서 다섯 자의 몸을 살리기도 하고 죽이기도 한다"고 했다. 그리고 불교에 삼함三緘이란 말이 있는데 '입을 세 번 꿰매라' 는 뜻이다. 말을 함부로 하지 말라는 뜻이다.

구약성경(야고보서 3:8절)에 "사람을 살리는 말, 용기를 주는 안위의 말, 평화케하는 말, 잘못을 덮어주고 싸매주는 말을 통해 그리스도의 사랑을 전해야 복 있는 사람이다." 라는 말이 나온다.

사람들은 잘못한 말 한 마디가 상대방의 가슴에 영원한 상처가 될 수 있다는 사실을 명심하고, 우리의 말과 혀가 악과 독이 되지 않도록 조심해야 한다. 하나님께서도 말에 대한 말씀을 한 것이 성경에 많이 나오지만 말의 절제를 위해서는 성령님의 지혜를 받아야 한다. 칭찬하는 말 한마디는 상대방으로 하여금 어떤 일을 하게 하는 동기가 될 수도 있고, 저주에 가까운 악담은 상처뿐 아니라 다시 돌이킬 수 없는 엄청난 좌절을 가져다 줄 수도 있다.

옛 조상들이 읊은 노래가사에 "말하기 좋다고 남의 말 말 것이, 남의 말 내 하면 내 말한 것이 말로써 말이 많으니 말을 말을까 하노라."라는 구절이 매우 인상적이다. 말의 중대함은 동서고금을 통해서 같다.

나 자신도 부끄럽다. 기독교 감리교 권사라는 직분을 가진 사람이 남에 대해서 이러니저러니, 부질없는 험담을 버리지 못하고 있다.

불교에서 가르치는 열 가지 악업 중에 입으로 짓는 죄가 넷이라고 하니 그 만큼 말은 조심해야 한다는 뜻이다.

그 입으로 지은 죄의 첫째가 악구惡口 : 험한 험담, 둘째 기

구綺口 : 진실하지 않은 허식의 말, 셋째 망언妄言 : 거짓말, 넷째가
양설兩說 : 이간질하여 싸움을 붙이는 일이다. 그러나 사람이다 보
니 말을 전혀 안 할 수가 없으므로 말을 하려거든 침묵보
다 더 귀한 말을 해야 할 것이다. 나날이 새로운 마음, 깨
어 있는 마음, 감사하는 마음 등의 말을 해야 그윽한 말의
향기 속에 해처럼 환히 빛나는 삶이 될 것이다.

　구약성서(에베소서 4:25절)에 '진실을 정확하게 가장하지 말
고 말하라. 그것이 불가능할 경우에는 침묵을 지켜라.' 라
는 구절이 있다. 말을 할 때에는 윤기 있는 허구의 말보다
는 참되고 은혜 되는 말을 해야 한다. 구혜지인선신口惠之
人鮮信 즉 '입으로만 은혜를 베푸는 자에겐 믿음이 덜 간
다.' 라는 한시漢詩도 있다.
　토마스아 켐피스는 '원기를 잃지말라. 용감한 사람이 되
라. 때가 되면 분명히 위안이 찾아 올 것이다.' 라고 했다.
고난에 있고 실의에 빠져있을 때 뒤에서 흉보지 말고 '잘
될 것입니다. 힘을 얻으세요.' 라고 위안을 주는 말을 해
야 한다.
　신약성경(마태복음 7:1~5절)에서는 '남을 비판하지 말고 함
께 살려고 노력하라'고 권면하고 있지 않는가. 우리들은
쓸데없는 말을 하여 상대방에게 상처를 주느니 차라리 침
묵이 위로가 될 수도 있다.

　성서에 '처음에는 말씀이 있었고 말씀은 하나님과 함께

있었다' 라는 기록이 있다. 말에는 우리의 상상을 초월하는 힘이 있다. 그래서 칭찬하려거든 최대한으로 칭찬하고, 때리려거든 철저하게 때리라고 했다.

중국 속담에 백인성금百忍成金 즉 백 번 '참음은 그대로 금이 된다' 라는 말이 있다. 또한 정약용이 목민심서에서 '공직자는 말을 많이 하지 말아야 한다. 공직자는 몸이 곧 화살의 표적이라' 고 한 경고가 새롭게 들린다. 공자는 소인으로 지목하기를 '남의 나쁜 점을 말하기 좋아하는 사람, 남의 밑에 있으면서 윗사람을 비방하는 사람, 용감하기만 하고 무례한 사람, 과감하기만 하고 속이 막힌 사람' 을 지적하면서 '쓸데없는 말과 급하지 않은 일은 버려두고 다스리지 말라.' 고 했다.

우리나라 정치인들의 거친 말, 그리고 각 정당의 대변인들의 언어폭력 등 위정자들의 험한 말들이 마음을 아프게 하며 살맛을 잃게 만들고 있다.

우화로 유명한 이솝은 '세상에서 가장 천한 것이 사람의 혀요, 가장 귀한 것 또한 사람의 혀'라고 했다. 우리 속담에 '말 한마디로 천냥빚을 갚는다.' 고 했다.

말만 앞세우고 실천하지 않는 사람은 잡초가 가득 찬 정원과도 같다.

기쁨과 분노는 마음속에 있고, 말은 입 밖으로 나가는 것이니 모름지기 말조심을 해야 한다. 그러기에 스페인 속담에 '당신 앞에서 누구의 험담을 하는 자는 언젠가는 또

다른 사람 앞에서 당신 험담을 할 사람이다'고 했다. 또 '사랑하지 않아야 할 사람'에 대한 정의에서는 말은 쓰임에 따라 칼이 될 수도 있고, 황금이 될 수도 있다고 지적한다. 말은 남에게 희망과 기쁨을 주기도 하지만 남을 가혹하게 찌르고 상처를 입히기도 한다는 뜻이다.

말이 씨가 된다는 말이 있다.

어느 공무원 부인이 남편과 틈이 생겨 하루가 멀다 하고 싸움질을 하는데 '못살겠다, 죽어야겠다.'라는 말을 반복했다고 한다. 그런데 정말로 그렇게 좋은 살림이 한순간에 없어지고 남의 집 지하방을 전전하다가 결국 병들어 죽었다고 한다. 그만큼 말의 소중함을 몰랐던 것이며 그것을 깨달았을 때는 이미 불행하게 된 후였다.

시인 칼릴 지브란은 '말은 목소리 속의 목소리로 귓속의 귀에 하라.'고 했다.

정말 언어의 극치는 침묵에 있다.

말이란 늘 오해를 동반하게 되지만 침묵은 내면에 고여 있는 말을 들을 수 있다. 다만 구시심비口是心非 즉, 말로는 화합하는 듯하면서 마음은 그렇지 않는 이중성만 띠지 않으면 된다.

신약성경(야고보서 3:4~6절)에 '침묵은 금이고 말은 은이다'라는 말이 있다. 또 그리스도의 종, 야고보는 '혀는 배의 키와도 같고, 반면에 불과도 같다'고 했다. 우리는 한 입을 가지고 다른 사람들을 칭찬하기도 하고 저주하기도 한다. 혀는 때로 잔악한 독사와 같아 자신과 사회를 패망으

로 몰고 가는 독소가 되기도 한다. 말이란 입이란 기관을
통하여 마음이 지시하는 대로 전해지는 표현이다.

아름다운 말·4

　구약성서의 잠언 13:2~3절에서 이스라엘 솔로몬 Solomon 왕은 말하기를 '사람은 입의 열매로 인하여 복록福祿 : 복과 록, 복되고 영화로운 삶을 누리거니와 마음으로 궤사詭詐 : 교묘한 거짓으로 속임한 자는 강포를 당하며, 입을 지키는 자는 그 생명을 보존하지만 입술을 크게 벌리는 자는 멸망하리라.'고 했다. 말은 잔소리보다는 치밀하게 정제해야 효과가 있다. 말은 생각의 그림이며, 마음의 소리요, 인격의 표현이다.

　명나라의 주백로朱柏盧는 '처세계다언, 언다필실處世戒多言, 言多必失 즉, 처세에서는 많은 말을 삼가해야 하고, 말이 많다보면 반드시 실수를 하기 마련이다.' 라고 했다.

어느 혀 암환자가 혀를 절단하는 수술을 하게 되어 마취에 들어가기 전에 담당의사가 말했다. "당신은 수술 후에는 말을 할 수 없을 텐데 마지막으로 하고 싶은 말이 있으면 하시오." 그러자 그 환자는 잠시 침묵하다가 "하나님 감사합니다."하고 마지막 기도를 했다.

유태교 율법 학자 죠셉 텔슈킨은 그의 저서 《상처를 주는 말》에서 "네 혀로 악한 말을 하지 말며, 네 입술로 거짓말을 하지 말아라"는 금과옥조 같은 말을 남겼다. 이를 읽으며 새삼 이 세상에 태어난 바에야 무엇인가 좋은 말만 하다가 떠나야겠다는 다짐을 한다.

유태교 경전인 《중요의 길》을 쓴 어느 무명의 작가는 말에서 빚어지는 해악에 대하여 이렇게 경고하고 있다. "인간은 혀를 통하여 정보제공, 유언비어, 조롱, 아양, 그리고 거짓말처럼 무시할 수 없는 많은 죄를 범한다"라고.

유태교 전통에서는 말을 물질과 같이 취급했다. 또 히브리어에서 말이라는 뜻을 가진 용어 중에 '드바림'이라는 단어가 있는데 이는 곧 물질이라는 뜻으로 사용되기도 한다.

성서는 하나님이 세상을 말로써 창조하셨다고 가르치므로써 말이 가지는 영향력을 확고히 인정하고 있다.

창세기 1:3절에 의하면 주께서 말씀하시기를 '빛을 만들거라. 그리고 빛이 생겼도다' 라고 하지 않았던가?

오붓짜리컴은 《중용의 길》에서 '험담은 늘 남의 약점을 찾는 법이다. 그것은 파리와 같아서 늘 더러운 곳에서만 휴식을 취한다. 만일 누가 종기를 앓고 있다면 파리들은 그 사람의 다른 부분은 제쳐두고 그 종기에만 가 앉으려 할 것이다. 험담도 바로 이와 같은 것이다' 라고 말하고 있다.

우리는 매일 아무런 생각 없이 무심코 내뱉는 말에 대하여 진지하게 생각해야 한다. 헨리워즈워드 롱펠로우는 '찢어진 옷은 곧 고쳐질 수 있으나 심한 말은 그 사람의 가슴에 못을 박아버린다' 라고 말에 중대성을 일깨워 주고 있다.

말을 조심하라고 경계하는 말 중에 '장부일언은 중천금이며 일구양설은 이부지자丈夫一言 重千金, 一口兩舌, 異父之子라는 말이 있다. 즉, 장부의 말 한마디는 천 금만큼 값이 있어야 한다는 말이다. 만의 하나라도 한 입으로 이랬다저랬다 두 가지 말을 하면 그 위인은 어머니는 하나이나 아버지가 둘인 이부동복자異父同腹者나 진배없다 라고 했다.

성경 출애굽기 23:1절에서 '너는 허망한 풍설을 전파하지 말며 악인과 연합하여 무고하는 증인이 되지 말며……' 라고 적고 있다. 보통 거짓말이란 진실을 말할 용기가 없는 사람들이 하는 짓거리라고 정의해도 좋을 성싶다. 이 밖에도 돌이킬 수 없는 것들을 찾아보면 쏘아버린 화살, 뱉어버린 말, 놓쳐버린 기회, 흘러가버린 시간들이 있다.

옛말에 성인도 자신의 잘못을 모른다는 말이 있다. 무릇 말은 참되고 행동은 독실해야 한다. 불교에서는 선禪은 침묵의 언어라고 말한다. '말이 많으면 많을수록 마음은 번잡해진다.'라는 평범한 진리를 깨달아야 한다.

한나라 왕비의 잠비론에 '개 한 마리가 그림자 보고 짖으면 개 백 마리가 덩달아 짖으며, 한 사람이 거짓말을 전하면 만 사람이 사실인 양 퍼뜨린다'는 말이 있다.

한가하거나 일거리 없는 동네 여자들이 남편들이 출근한 사이 이웃집에 모여 쓸데없이 진원도 없는 유언비어를 풀어내 온 동네에 전파시켜 명예훼손죄로 사법당국의 신세를 지는 경우를 종종 볼 수 있다.

간디는 '한 방울의 독이 우유를 마실 수 없게 하듯이 아무리 작은 거짓말도 사람을 못 쓰게 한다'고 했다. 그리고 명심보감에 '한 마디 말이 도리에 맞지 않으면 천 마디 말이 소용없다言不重 千語無用'라고 했다. 이솝도 '말은 좋은 하인이면서 나쁜 주인이다'라고 했다.

여행기旅行記

　오랜만의 여행이라 나이 탓도 있겠지만 세상을 바라보는 눈이 많이 달라졌다. 운전대를 잡고 있는 한빈 할머니가 나에게 마르지 않은 오징어를 입에 넣어주면서,
　"여보! 당신과 이 미시령 고개를 넘어본 지가 무척 긴 세월이었지요? 무엇하며 살았기에 여행이 이렇게 오랜만인지…… 미시령 고개의 세찬 바람과 꼬불꼬불 험한 길이 내가 살아온 고개길 같구려." 한다.
　철없는 손자 한빈이는 마냥 좋아서 혼자 중얼거리며 콧노래가 한창이다. 이 세상에 사는 군상들은 천차만별인데 지금 이 순간의 가족 여행은 참 흐뭇하고 아름답구나.
　공무원 때 경상북도 예천, 봉화 등지에서 봉직하고 사회에 나와 직장생활을 하다 보니 어느새 애들이 훌쩍 커버렸다. 그러다보니 2남 2녀 중 막내만 미혼인 채 직장생활을 하는데 아버지와 대면하기가 가뭄에 콩 나듯 한다.

이번 여행에는 큰아이와 동행하여 마음을 열고 대화할 수 있는 좋은 시간이었다.

콘도에 도착하여 여장을 풀고 저녁식사도 하고 밤의 풍경을 볼 겸 외출을 했다. 그런데 손자 녀석은 집에서 게임기를 가지고 와 TV에 가설하여 놓고 그 속에 정신이 팔려 외출을 하지 않겠다고 버틴다. 할 수 없이 다른 식구들과 속초 대포리의 어느 횟집에서 도다리회와 매운탕으로 저녁을 먹었다.

여행은 가족의 결속을 다지는데 참 좋다. 오랜만의 여행이선지 처가 제일 좋아하고 만면에 웃음이 떠나지 않았다.

밤새 칼바람이 불어 너무도 을씨년스러웠다. 동해의 바다는 또 왜 그리 심한 파도를 몰아세우는지……. 그런 중에도 손바닥만한 배에 몸을 싣고 그물을 드리우는 어부들을 보면서 회가 비싸다고 불평한 것이 미안했다.

정약용 선생은 목민심서에서 '인지좌여락人知坐樂興 불식견여고不識肩輿苦' 즉, 사람은 가마 타는 즐거움만 알지, 가마 메는 괴로움은 알지 못한다고 말했다. 그리고 보면 내 욕심에만 치우쳐 회값이 비싸다고 생각했던 것이 잘못되었다는 것을 깨달았다. 그리고 미시령의 꼬불꼬불한 그 길만큼이나 세상 살기가 힘드는지 H콘도 프론트 안내양의 얼굴에서 웃음을 찾아볼 수 없는 것 또한 슬펐다.

초등학교 4학년에 다니는 손자에게 반공교육을 시킬 겸

통일전망대로 들어가려 하니 그 입구에서 신고를 하라고 했다. 그래서 그들이 하라는 대로 하고 조금 있자니 슬라이드로 반공교육을 받으라는 안내양의 방송이 나왔다.

그러나 아들은 손자에게 계속 이곳저곳을 견학시키며 자유가 얼마나 소중한가를 일깨워주고 있었다.

특별히 눈에 띄는 것은, 〈아, 민족〉이란 박두진의 시였다.

속초에는 웬 〈3대 막국수 집〉이 그리 많은지, 필자가 허기가 져 들어간 곳도 그런 집이었다. 막국수를 시켜놓고 잠시 시간이 있어 벽을 훑어 보게 되었는데 그 벽에는 '걸림 없이 살 줄 알라'라는 부처님의 말씀이 있었다. 그 중에 '벙어리처럼 침묵하고, 임금처럼 말하며, 눈처럼 냉정하고, 불처럼 뜨거워라. 행복도 내가 짓는 것이요, 불행도 내가 짓는 것이요, 진실로 그 행복과 불행은 다른 사람이 짓는 것이 아니네'라는 글귀가 가슴에 와 닿았다.

필자는 그 막국수집을 잘 찾아들어갔다 라는 생각이 들었다.

겨울을 준비하는 나무는 자신의 일부인 잎사귀를 버려야 할 때에 버린다. 그렇게 해서 겨울이 되어도 연약한 가지를 얼려죽이지 아니하고 새봄에 새 싹을 띄우니 얼마나 경이로운가! 그런데 더 경이로운 것은 내버린 그 낙엽이 썩어 다시 나무를 키우는 자연의 섭리다. 우리는 그 놀라운 조화에 숙연해질 수밖에 없다. 그리고 보면 버려야 채 운다는 평범한 진리를 잘 알면서 끝내 버리지 못하는 인 간들이 얼마나 아둔한가.

사랑하는 처와 40여간 살면서 산책을 단 한번도 해보지 않았기에 이참 여행에 H콘도 주변의 광활한 산을 둘러보 았다. 그러면서 소나무가 그렇게 올곧게 자란 것을 보고 새삼 버림의 미학을 배우게 되었다.

낙엽이 풍성풍성 쌓이고 그 주변의 나무들이 생명력을 잃지 않고 있음을 보고 더욱 버림의 철학에 감탄했다.

이 세상에는 지금의 과정이 좋은 사람도 있고, 고통 속 에 있는 사람도 있다. 그러나 지금의 과정이 어떻든 실패 를 두려워하지 말고 모자라는 부분을 어떻게 채울 것인가 를 생각해야 한다.

그리고 그 이전에 내가 무엇을 어떻게 버릴 것인가를 생각하지 않으면 안된다. 또 그 길이 아무리 힘들고 험난 하다 해도 결코 포기하거나 현실과 타협을 해서도 안된다.

이제 우리들도 겨울 나목의 참의미를 배우자.

"누구의 인생이든 비는 내린다." 라는 롱펠로우의 시 한 구절을 읽으면서 내일의 소망을 갖고 살자.

세상 사는 작은 이야기

사람이 사는 것을 따지고 보면 별것 아닌데 작금의 세상 돌아가는 것들이 가관이다.

추운 겨울날, 길모퉁이의 마음씨 좋은 군밤장수 아저씨가 가꾸어 가는 행복의 훈훈한 마음밭. 지나치거나 모자람 없이 연실 꽃마음을 준다.

사람의 욕심은 한도 끝도 없다보니 자기 피붙이를 죽이기도 하고, 욕보이는 사람도 있다. 또 한순간 자아를 상실하고 푯대 잃은 먼 길을 무작정 헤매기도 한다.

그리움이 햇살처럼 흰 구름 사이로 얼굴을 내밀고, 덧없이 지나온 세월이 슬퍼진다.

서울역 지하도에서 70대의 노인이 손바닥만한 상자 위에 낡은 토정비결책 한 권과 돋보기 안경 한 개를 놓고 오고가는 행인들을 유혹한다. 그는 가난한 사람들이 꼬깃꼬깃 은닉한 천 원짜리 한 장을 말 몇마디로 훔쳐간다. 물론 세상에는 몇억, 몇십억, 몇 천억을 뒤도 돌아보지 않고 삼키고 법을 조롱이라도 하듯 영웅(?)이 되어 의기양양하게 너털웃음 짓는 사람도 많다. 그래도 그런 사람들이 잘 살고 있으니……

신용불량자가 되어 주야불철 쫓기며 가족과도 생이별하고, 고통 속에서 죽음의 선을 넘나드는 사람도 있는데 흥청망청 호의호식하는 세상이니 어떻게 했으면 좋으리!

불확실한 시대의 침묵이 계속될수록 교회의 기도소리는 끊길 줄 모르고, 축복기도를 받기 위해 새벽미명 목사님 앞에 참새처럼 줄을 서 있으니 가슴만 저리다.

작금의 세상은 무슨 단체가 그리도 많아 걸핏하면 데모요, 저마다 자기 패거리의 이익만을 위하여 목청을 높이고 있다.

전동차를 타고 다녀보면 도덕이 땅에 떨어져 횡사하는 비명소리가 귀에 따갑다. 무엇이 얼마나 분망한지, 다수인들이 운집한 전동차 안에서 창피함도 모르고 분 바르고 립스틱 짙게 칠하는 여자도 있다.

어떤 사람은 자기의 울분을 다스리지 못해 자살하고, 살기 어렵다하여 자식까지 죽이고 있으니, 이 세상은 어디로 가는 것인가?

우리는 언제 쯤에나 복된 보금자리에서 오손도손 살아

갈지, 보리밥에 총각무 먹을 때가 좋았더라. 지금의 세상은 무엇이, 어떻게, 언제부터 꼬여 이렇게 혼미한 것일까?

인간의 삶은 누구도 알 수 없고, 그 행로 또한 미로 같아서 슬프다.

엊그제에는 춘삼월인데도 눈발이 흩날리더니 기어코 폭설로 쏟아져 나를 고속도로에 가두어 버렸다.

'날 때가 있고 죽을 때가 있으며, 심을 때가 있고 심은 것을 뽑을 때가 있는 세상!

우리 모두 이웃과 더불어 기도로 희망을 붙잡고 은혜로 살아가야 하리라.

가을 편지

매형!

초가을입니다.

우리는 그리스도의 섭리 속에서 처음 만나 늘 그리워하는 끈끈한 관계가 되었습니다.

그때는 하루만 보지 않아도 가슴이 메어 마음이 허공에 둥둥 떠 있는 느낌이었지요.

매형 두 분과 무장에서 본가까지 4키로미터도 멀다 않고 밤새 걸으며 유유작작하던 그 시절이 아련히 떠오릅니다.

그때는 웬 눈이 그렇게도 많이 오던지, 우리는 그 눈 속에서 웃고 웃다가 눈썹에 하얗게 고드름이 맺힌 것도 모르고 여명이 되어서야 본가에 도착했던 생각이 선연합니다.

방갓재 산중턱의 꿩들이 우리들이 있는 줄도 모르고 아

름다운 깃털을 자랑하며 사랑을 주고받던 모습도 인상적이었지요.

그런데 우리는……

문득 파란 무밭에 떨어지는 햇빛을 보다가 마음이 뭉클하여 초가을 편지를 씁니다.

우리도 이제 이순耳順을 넘었군요. 그런데 아직도 마음을 졸이며 살아야 하다니요.

매형과 저는 추억 속에서는 함께 있는데 현실에서는 아주 멀리 떨어져 있습니다.

이제 세월이 흘러 눈썹과 머리카락이 하얗게 되니 더 이상 무엇을 바라겠습니까? 나머지 생애가 주위 사람들에게 멍에가 안 되었으면 하고 소망합니다.

매형은 작은 것도 소중하게 챙겼으나 나는 작다고 투덜대며 버렸기에 천사가 노하여 지금 아픔의 질곡에 있는지도 모릅니다. 나는 지금을 종착으로 생각하지 않습니다. 그래서 좋았고 꿈 많았던 그 시절로 돌아가 진실한 나를 찾아내고 늦게나마 사업을 시작하여 최선을 다하고 있답니다.

매형이나 저나 농촌에서 태어났지요. 때문에 푸른 들판에서 평화롭게 자라는 채소들을 보면 어찌나 감사하고 고마운지 눈물이 글썽여지기도 합니다.

발라드 음악가인 박진영은 미국음악을 짜집기하여 손가락질한다고 비판하는 사람들도 있지만 자기 일에 최선을 다하는 모습이 마음에 와 닿습니다.

  길었던 여름의 끝자락에서 매형이 수원의 병원에 입원
했다는 말을 듣고 무척이나 당황했고 놀랐지만 허리디스
크 수술을 했다고 하여 다소 마음이 놓였습니다. 그때 매
형과는 너무 오랜만의 해후여서 쉽게 속 깊은 마음이 가
지는 않았지만 이제 우리도 늙어 있음에 마음이 아팠습니
다.

  어려운 시대를 살다보니 생존은 항상 첫 번째 과제였고,
그 위협에 쫓기다보니 좋았던 우리의 첫 만남을 제대로
간직하지 못하고 세찬 물살의 강물을 건너왔습니다.

  이제 자식들을 의식하지 말고 좋은 사람과의 만남이 이
루어지길 소망합니다. 그리고 아름답게 늙고, 아름다운 지
혜로 사랑하자구요.

  햇볕 따사로운 가을에.

겨울이 오기 전에

세상을 사노라면 바람 앞에 촛불이 될 수도 있다.

봄은 노란색과 푸른색의 어울림이 우아하다. 나무는 언제 보아도 좋으며, 싹이 돋아나는 것을 보면 누구나 마음이 풍요롭고 넉넉하다. 가을의 단풍은 말하여 무엇하리. 겨울의 발가벗은 나목裸木들은 고난에 있는 사람들을 더욱 고독하게 한다. 나뭇잎 하나 달고 있지 않은 채 바람에 떨고 있는 모습에서 빈 마음을 배운다.

우리의 삶이 끝나는 날 아무것도 가지고 갈 수 없는 빈 손과 같은 나목은 우리에게 가르쳐 주는 바가 크다. 성경에서도 "헛되고 헛되며 헛되고 헛되니 모든 것이 헛되도다."라고 하지 않았는가.

가을은 노랑, 주홍, 빨강들이 어우러져 하늘하늘 떨고

있으니 참 황홀하다.

　단풍이 빨갛게 드는 이유는 기온이 내려가면 광합성 작용을 못하기 때문이라고 한다. 단풍은 나무가 겨울을 나는 데 부족한 수분을 절약해주기 위해 희생하는 것이다. 그러니까 나뭇잎이 나무를 살리기 위해서 자기 몸을 붉게 태워 죽이는 처절한 몸부림이리니 마음이 숙연해지기까지 한다.

　나뭇잎이 여름에는 햇빛을 받아 엽록소가 생기므로 녹색이 된다는 것은 누구나 알고 있는 상식이지만 가을의 나뭇잎 색깔이 본래의 자기 색깔이라고 한다.

　아름다운 단풍이 본래의 제 모습이라니! 신의 섭리에 더욱 놀라지 않을 수 없다.

　지금 나의 모습은 계절로 보면 봄, 여름, 가을, 겨울 중 어느 계절에 속할까? 아무 열매도, 아무 색도 없는 빈 모습이 당혹스럽고, 부끄럽고, 슬프기까지 하구나! 이제야 늦게나마 그리스도가 주신 소중한 삶의 의미를 알게 되니, 좀 더 부지런히, 좀 더 감사하게, 색깔 있는 단풍과 같이 더불어 사는 삶을 살고자 한다. 그리고 겨울이 오기 전에 눈물을 뿌려 기도하리라.

작은 미소

　작은 미소 하나가 일상에 지치고 힘들어 하는 사람들을 즐겁고 풍요롭게 해준다. 일에 찌들고 지친 사람들에게 행복을 주며, 고난과 고통 속에 있는 사람들에게 희망을 준다. 또한 삶의 울타리에서 소외된 자, 가난한 자에게 건강을 가져다 준다. 삭막한 사회는 보드랍게 해주고, 지치고 피곤한 자에게는 휴식을, 낙심한 자에게는 격려를, 슬픔에 있는 자들에게는 기쁨을, 근심하는 자에게는 소망과 평화를 준다.

　인간이라는 개체個體는 자기 혼자서는 결코 살 수 없다. 다른 사람이 더불어 있기에 삶의 의미가 있고, 이때 웃음은 삶의 용기를 준다.

　사람에게는 640개의 근육이 있다. 그런데 사람이 한번

박장대소하면 240개의 근육이 움직이게 되어 건강에 좋다.

　아이의 미소든, 노인의 미소든, 웃는 그 모습은 참 아름답다. 낄낄대는 웃음이 있는가 하면 눈웃음도 있고, 분위기를 일시에 바꿔 놓는 활력이 넘치는 웃음들이 있다.

　어느 목사는 '일곱 색깔 무지개' 중에서 미소야말로 아름다움의 압축파일이라고 했다. 사랑, 존경, 반가움, 그리움, 추억이 모두 담겨 있으니까 미소는 요리다. 정성을 들인 만큼 제 맛을 내며 감동을 주는 것이 잔잔한 작은 미소다.

　철강왕인 미국의 앤드루 카네기Andrew Carnegie(1835. 11. 25~1919. 8. 11)는 "소비되는 것은 없으나 얻는 것이 많으며, 웃음을 주는 사람은 해롭지 않으나 받는 사람은 즐거움이 넘치고, 웃음 앞에서는 부자도 없고 가난한 사람도 없다. 또한 가정에 행복을 더하고, 사업에 활력을 찾게 한다. 그리고 친구 사이를 더욱 가깝게 하고, 피곤한 사람에게 휴식을, 우는 사람에게 위로를 더하며, 인간의 모든 독을 제거하는 해독제다." 라고 말했다.

눈(眼)과 눈물

인간이 가지는 다섯 가지 감각 중에서 시각처럼 중요한 것이 없다.

구약 성경 잠언 15장 3절에 '여호와의 눈은 어디서든지 악인과 선인을 감찰하시느니라.' 라는 기록이 있다. 또 불교에서는 '눈은 욕심이라, 눈은 대하는 사물을 애착하고, 좋아하며, 생각하고, 집착하는 것이다.' 라고 말하고 있다.

물론 신체 어느 부분인들 소중하지 않겠는가만은 눈은 맑고, 정밀하고, 복잡하며, 오묘하고, 신비하다. 눈을 감으면 암흑이요, 뜨면 광명이다. 눈은 인간의 가장 중요한 마음의 창문이며 맑은 거울이다.

이 거울에 만물이 비춰지며, 눈을 통하지 않고는 사물의 식별이 안되고 인식도 못한다.

앞을 못 보는 사람을 시각장애인이라고 부른다. 그러나 사물을 판독할 수 있는 정상인이 시각장애인보다 더 구별을 못하는 사람이 얼마나 많은지……?

'시각장애인에게는 하늘이 보이지 않기 때문에 하늘은 푸르지 않다.'라는 덴마크 속담도 있다.

눈에는 이쁜 눈, 고운 눈, 보석눈 등이 있다. 희노애락에 따라 감정이 액체로 변하는 것이 눈물이다.

속담에 '놀란 토끼 벼랑 바위 쳐다보듯'이란 말이 있다. 즉 급한 상황에서 헤어 날 길이 없어 눈만 껌벅이고 있는 모습을 이르는 말이다. 이처럼 우리는 눈을 통하여 좋은 것도 아름다운 것도, 슬픈 것도 알 수 있다. 무학대사는 "돼지의 눈으로 보면 돼지로 보인다."고 했다.

사전에 눈을 '목자目子'라고 했다. 그 뜻인즉 물체를 볼 수 있는 능력, 시력 그리고 옳고 그름이나 좋고 나쁨 따위를 가려내는 눈을 가진 사람이라는 뜻이다.

눈은 단세포 동물부터 고등동물에 이르기까지 그 구조가 다양하다. 눈은 과학적으로 보면 빛의 강약 및 파장을 감지하는 기관이다.

눈이 피로할 때에는 초록색이 좋다

권모술수가 뛰어나고 얕은 수로 남을 속이는 자를 속담에 눈가리고 아웅! 한다고 한다. 또한 선인의 말에 '말이 나오기 전에 눈썹이 먼저 소식을 전하니(성전미어전 聲前眉語傳) 말없는 사이에 눈이 먼저 알아듣고 빙긋이 미소 짓는다(묵연안미소 默然眼眉笑)'라고 했다. 눈은 어느 감각보다 먼저 사물을 감지한다는 말이다.

요한복음(9:17~25절)에 소경은 실로암에서 4가지 눈이 열렸다고 기록되어 있다. 첫째로 속을 볼 줄 아는 눈, 둘째로 내일을 볼 줄 아는 눈, 셋째로 진리를 볼 줄 아는 눈, 넷째로 영을 볼 줄 아는 눈들이 열려 있어야 한다고 했다.

남녀청춘들도 사랑하면 눈에 무엇이 씌었다고 한다. 눈빛은 그 사람의 정서를 잘 표현한다.

요한복음(9;1~7절)에 진리를 알지 못하고 신음하는 영혼과 소경된 영혼, 방황하는 영혼, 죄악으로 달려가는 영혼에게 우리 안에 있는 진리의 빛을 증거하여 이 기록에서 소경이 눈을 뜬 것같이 다시 보시게 해야 한다고 했다.

사전적 의미에서 눈물은 눈알 위쪽에 있는 누선에서 나와 눈알을 축이는 투명한 액체를 말한다. 그런데 눈물은 누涸 즉, 눈에 고이지만 흐르지 않는 눈물과 누淚, 즉, 흐느끼며 울 때 흘리는 눈물의 두 종류가 있다. 그 중에도 남자의 눈물로는 부모님이 돌아가셨을 때 흘리는 눈물, 처와 자식이 죽었을 때 흘리는 눈물, 고난에서 벗어나지 못하다가 그리스도의 은혜를 받았을 때 흘리는 눈물, 그리고 자식을 키워 결혼으로 떠나보냈을 때의 눈물 등이 있을 것이다. 그렇다면 독자인 당신은 이 눈물 중 어떤 눈물을 흘려 보았는지……

칼릴 지브란은 '눈물에는 치유력이 있다. 그리고 생의 불가사의와 비밀을 알게 해준다' 고 했다.

생물학적으로 눈물에는 물99%, 식염 0.8% (소금0.1%, 눈물을 _{짜게 한다}) 그리고 단백질 0.1%, 기타 0.1%로 되어 있다.

　재미있는 이야기 하나.
　갓 시집 온 며느리가 잘 울고 눈물이 많을수록 높게 평가받던 시절이 있었다. 그 때에는 시집가는 날 친정어머니가 은밀히 속치마끈에 매어주는 미니주머니가 있었으니 즉 '후추 씨앗'이 들어 있는 누낭淚囊이었다. 이것은 후추를 가루내어 만든 작은 주머니로서 곡哭을 할 때 눈두덩이에 칠하면 눈물이 걷잡을 수 없이 쏟아져 시집 어른들로부터 많은 점수를 받을 수 있었다는 것이다.

　우리들이 세상을 살다보면 별 희안한 일이 있다.
　출세 잘하고 남에게 좋은 사람으로 칭송받기 위해서 동정을 구하거나 진심을 가장하기 위하여 눈물을 조작하는 경우를 보는데 그것을 기심루機心淚라고 한다.
　얼마 전 어떤 위정자는 어느 병원을 방문, 공상公傷으로 입원한 환자를 위로하면서 눈물을 흘리며 자기를 원망하라는 둥, 기심루의 행위로 잠시 대중으로부터 정이 많은 분으로 칭송받기도 했다.
　눈은 시각을 자극하는 뿌리를 가지고 있다.
　공작새의 수컷은 눈이 부실만큼 화려한 깃을 활짝 펴고 암컷의 사랑을 구한다.
　원숭이는 빨간 엉덩이를 이리저리 흔들어 피앙새의 관심을 끌려고 노력한다.

이처럼 동물이 그러할진대 사람 역시 크게 다를 바 없다.

서로 흘깃 훔쳐보는 데서 시작하여 야릇한 눈길을 주고 받거나 묘한 웃음을 흘려 상대에 대한 호감을 표시한다.

남자들은 이발소에서 안마와 써비스를 받아 본 일이 있을 것이다. 이때 안마를 해주는 여인은 남자의 눈을 수건, 혹은 얇은 천으로 덮고 서로 시선을 피한다. 이렇듯 사람에게 있어 성적인 충동의 첫단계가 바로 눈에서 시작된다. 보통 남성이 더 시각적인 충동에 예민한 것으로 알려져 있지만 여성도 마찬가지다.

격투기, 권투 등의 경기를 할 때에도 상대의 눈이나 스텝을 응시, 방어함으로써 승리로 이끈다.

독일의 성학자性學者가 실험으로 남녀에게 누드 사진이나 성교 장면의 슬라이드를 보여주었던 바 많은 사람이 성욕을 느꼈다고 한다. 남성은 여자의 나체를 보는 것만으로도 쉽게 흥분단계로 발전할 수 있다. 이를 보더라도 눈이 얼마나 소중한지 알 수 있다.

헨리 킹은 "자기 눈을 가지고도 바로 보지 못하는 사람이 제일 불쌍한 사람이다."고 했다. 이같이 되지 말자.

감옥기監獄記

날씨가 우중충하여 기분이 그다지 유쾌하지 못한 늦은 가을.

어느 때보다도 마음이 피곤한 수형인 K씨는 밤잠을 설쳐서인지 몸이 축 처지고 고독감에 젖어 있었다. 오늘이 재판의 마지막 선고일로 가족들과 1, 2년간을 생이별을 하느냐, 아니면 뜨거운 재회를 하느냐의 갈림길에 놓여 있었다. 수감번호 330호 아무개하며 호명하는 법정 정리의 부름에 마치 도살장에 끌려가는 소와 같이 무거운 발걸음을 한발 한발 나아갔다.

K씨는 신神에게 구원의 손길이라도 바라고 있었는지 지그시 눈을 감고 이마에는 식은땀이 송글송글 맺혀 재판관 앞에 섰다. 그때 법관이 "피고인! 성명, 생년월일, 주민등

록번호를 말하시오."한다. 가지런히 양손을 포개어 앞자락
에 단정히 모은 채 인정신문을 마치자 "피고인 K씨는 징
역 8월의 형에 처한다. 불복하면 항소하시오!"하고 선고했
다.

무뚝뚝한 재판장의 선고가 끝나자 그는 긴 한숨을 내쉬
더니 고개를 떨군 채 체념한 표정이었다. 그의 눈에는 어
느새 눈물이 맺혀 있었고 그는 무력감에 빠져 천장만 응
시하고 있었다.

선고가 끝나자 교도관은 냉정한 표정으로 K씨의 양팔을
포승으로 묶었다. 그래도 K씨는 구치소가 집인 양 돌아가
고 싶다고 하여 처량타 못해 처절하게 했다.

K씨는 형량이 확정됨으로 가족과의 면회가 월 4회로 제
한되었고 변호사 접견도 마찬가지였다.

언제 어느 교도소로 이송이 될지, 그에게는 하루하루가
여삼추如三秋였다. 기결수가 되면 파란색 수형인복으로 갈
아입어야 하는데, 수형인들 중에 소위 소지라는 재감인이
마치 어떤 특권이라도 있는 양 으스대면서 수형인복을 지
급했다.

방 또한 기결수사로 옮겨야 했다. 미결수 때는 그래도
좀 나은 인성의 수용인들과 함께 있으니 서로 이해하며
생활을 했었다.

그러나 기결수 방에서는 이감 갈 때까지 별별 죄를 짓
고 들어온 사람들과 그 좁은 방에서 함께 있어야 했다. 때
문에 그곳에서는 인격적인 모독은 물론 희대의 일들이 발

54

생했지만 교도관들은 별로 신경을 쓰지 않고 그저 하루하루 보내는 것으로 만족해 했다.

질서를 잘 지키는 수형인들에게는 아직도 교도소 내의 민주화가 요원했다. 그런데 청송감호소에서 살고 온 사람들이나 폭력배들은 왜 그리 잔인하게 설쳐대는지……

기결수들은 하루 종일 하는 일없이 비효율적인 말만 하니 입이 얼마나 허전하겠는가? 그러자니 무료하여 영치금 넣어주는 대로 마치 재벌인 양 먹을 수밖에 없다. 결국 헐벗고 가난에 찌든 가족들만 죽어났다.

주일에 교화한다고 불교, 천주교, 기독교 등에서 찾아와 사과,귤, 떡들을 불특정 수감자들에게 봉사할 때가 있었다. 그럴 때면 기결수들은 집회 때마다 출석하여 주는 음식을 타 먹었다. 그것도 한 사람이 두 몫, 또는 세 몫을…… 그래서야 무슨 교화가 되겠는가?

그 보다는 사회 저명인사 또는 철학교수들이 교화에 힘써야 효과가 있을 것 같았다.

어느 시인은 판사나, 교도관은 피고인들에게 연민을 갖어야 한다고 했다. 법의 격언에도 '법이 밉지 사람은 밉지 않다'고 하지 않았던가. 그렇다면 재판할 때에는 선입견만으로 재판하지 말고 한번쯤 애정을 가져 보면 어떨까? 피고인들이 행복한 가정에서 잘 살 수 있고, 사회에 봉사할 수 있는지 심사숙고해야 하리라. 법전에 있는 형량대로만 선고하지 말고 개전改悛의 가능성이 있는지 잘 살펴 재기의 기회를 주는 것이 교정행정 아닐지…….

피고인들은 분명 인간으로서 가치 추구와 이상을 가지고 있다. 그러나 잠시 잠깐 인격을 담보해야하는 수형인들이 교도관들로부터 모욕을 당하는 경우가 있다면 어떠하겠는가?

자존심이 상한 그 사람은 언제까지나 모욕당한 일을 기억하게 된다.

평생의 적을 만들고 싶지 않거든 아무리 죄인이라고 하더라도 상처로 남을 만큼 모욕을 주어서는 안된다.

교도관들의 말 한마디가 수형생활에 활력을 불러준다는 사실을 직시하고 애정을 주어야 한다. 그래서 사람 사는 것이 물질보다는 정이 우선이라는 것을 각인시킬 필요가 있다.

국가는 죄를 지어 확정판결을 받고 교도소에 구금되어 있는 수형인에게 형벌권이 있다. 다시 말해 죄 지은 자에 대한 형벌권의 행사는 국가의 권리이다.

옛날에는 형이 확정된 기결수는 특별한 입장에 있었던 듯하나 요즈음에는 그렇치 않다.

수형인도 형벌로서 자유를 박탈당하는 것 이외에는 다른 일반인과 동일한 권리와 의무를 가지는 주체로서 인정하고 있다.

예컨대 사상, 양심의 자유, 종교의 자유 등은 절대적 기본권으로 어떤 법률로서도 박탈이나 제한을 해서는 안된다. 몇 가지 들어본다면 두발문제, 운동, 흡연의 허용 개인물품소지 등을 제한해서는 안된다.

그런데 수용시설 안에서도 가진 자와 못가진 자의 형태나 행위에서도 많은 차별이 있으니 이또한 개선할 점일 것이다.

교정국장을 지낸 L씨는 구치소생활에 가진 자, 모씨를 거론하면서 '그가 수형생활을 모범적으로 하고 있으며 공평한 생활을 한다'고 자신의 저서에서 언급했으나 그것이 일반화 되기까지는 요원할 뿐이다. 그분이 지적한 모씨는 독립운동하다가 들어온 것도 아닌데 일반 잡범과 구분하여 대접받고 있으니 슬픈 일이었다.

반대로 수형인들은 자기의 권리만 주장해서도 안된다. 행 형법을 준수하고 교도소 지시사항을 잘 지킴으로써 비로소 자기의 인격을 대접받을 수 있다.

자기의 아픔이 즉 남의 아픔임을 인식하여 참음으로 자기를 되돌아보고 점검하는 삶이 되어야 한다.

문민 정부에서 비서실장을 한 P씨가 구속시 조지훈 님의 '낙화'라는 시를 소개했다.

/ 꽃이 지기로소니 / 바람을 탓하랴 / 주렴 밖에 성긴 별이 / 하나둘 스러지고 / 귀촉도 울음 뒤에 / 머언 산이 다가서다 / 촛불을 꺼야 하리 / 꽃이 지는데 / 꽃 지는 그림자 / 뜰에 어리어 / 하이얀 미닫이가 / 우련 붉어라 / 묻혀서 사는 이의 / 고운 마음을 / 아는 이 있을까 / 저어하노니 / 꽃이 지는 아침은 / 울고 싶어라.

세상과 격리 고난과 고통에 있다고 좌절하지 말고 팔만대장 경의 "경험이란 반성의 앞잡이다"라는 명언을 가슴

에 새기자. 그리고 세상과 떨어져 홀로 서 있는 사람이라
고(離世獨立之人) 나를 사랑하자. 복을 받으려면 복 주시는
하나님의 호감을 사야한다. "항상 기뻐하라, 쉬지 말고 기
도하라, 범사에 감사하라"

가을의 노래

　들로 나가니 벌써 벼가 온통 황금빛으로 넘실대고 있다.
"가을이란 하늘의 별과 같은 계절이다"고 말한 장조張潮
는 제자백가서諸子百家書를 읽기에는 가을이 마땅하나니,
그 까닭은 운치가 남다르기 때문이라고 말했다.
　인생에서 무상한 것은 휙 지나가 버리는 세월과, 돛을
단 배와, 사람의 나이, 그리고 봄, 여름, 가을, 겨울이라고
한 세이쇼나곤清少納言의 말이 그럴 법하다.
　언제부터인지 가까이 있는 사람도 타인처럼 느껴져 바
람과 같은 허전함으로 마음을 비우게 한다.
　사람들은 언제나 정의 향기를 갈구하고 있으면서도 겉
으로는 아무렇지도 않은 듯이 천연덕스럽게 행동한다. 그
리고 타인에게는 진실을 요구하고, 그 기대에 미치지 못하

면 칼날 같은 비판을 한다.

자연은 가을에 쉬는 듯하나 가장 창조적인 열매를 맺고 있음이 우리를 엄숙하게 한다.

피에르 쌍소는 '느림의 실천법'에서 고향의 아름다운 추억을 간직하거나 자신만의 장소를 만들려고 했다. 그러나 나는 내 고향 대정동 11번지의 탯줄이 묻힌 아름다운 토담의 뒤뜰에 석류나무를 추억으로 간직하고 있다. 석류나무는 기다림의 지혜와 반드시 익어야 터지는 원숙미가 있어 더욱 마음에 오래 간직하고 싶다.

"가루 팔러 갈 때에는 바람 불고, 소금 팔러 갈 때에는 비가 온다."는 속담이 있다. 인간의 삶에는 항상 어려움이 있기 마련이라는 말이다. 사람들은 재미있게 살려다가 생각 밖의 험한 일들과 어려움에 부딪친다.

마태복음 7:24~27절 산상보훈의 결론 부분에서 삶의 위기와 심판의 결과를 강조함으로서 말씀에 순종하여 행할 것을 가르치신다.

가을에는 '평화의 기도, 기쁨의 기도, 열매의 기도' 등 간절한 기도가 있어야 한다.

불교에서도 행복의 척도를 '사랑하고, 아끼고 기뻐하고, 봉사하는' 것이라고 말하고 있다. 성경의 말씀이 아니더라도 파스칼은 "모자라는 여백, 그 여백이 오히려 기쁨의 샘이 된다." 고 말하고 있다.

가을의 기도는 늘 겸손해야 한다. 그리고 말할 때에는

‘이 말은 사실인가? 이 말은 필요한가? 이 말은 친절한
가?’ 라고 확인하고, 진솔하게 말해야 한다.

갈대의 부드러움을 배우자

　강한 것을 이기는 힘은 오직 '부드러움'이다.

　갈대는 바람 부는 쪽으로 일제히 쓰러지고 바람의 끝자락에서 일제히 일어난다.

　갈대는 한 줄기 소슬바람에도 이리저리 몸을 뒤척일 정도로 연약하지만 천둥, 번개, 태풍에도 꺽이지 않는 강인함이 있다. 이렇듯 연약하고 힘없는 것으로 상징되는 갈대의 부드러움에서 우리들은 감추어진 강인한 삶의 지혜를 배운다.

　감옥의 수형인들은 바람에 거슬리지 않는 갈대처럼 어려움을 극복하기 위하여 몸을 최대한 낮추고 상황을 흘려보내는 지혜를 터득해야 한다.

　바람 끝에서 다시 일어나는 갈대처럼 영어囹圄의 몸에서

새롭게 도약할 냉철한 판단력을 쌓아야 한다.

갈대는 볏과의 다년초로서 습지나 냇가에서 흔히 숲을 이루어 자라며 8~9월에 줄기 끝에 회백색의 잔꽃이 핀다.

필자가 경상북도 봉화군 포저리에서 공무원으로 재직한 적이 있다. 그때 낯설고 물설은 그곳에서 늦가을 고독에 묻혀 그 곳 뚝방길을 걷노라면 고즈넉한 갈대밭이 마음을 여유롭게 해주었고 갈대꽃은 마음을 맑게 해주었다.

봄꽃과는 달리 사람을 유혹하지 않는 부드러움으로 생존 경쟁에서 최선을 다하는 갈대의 순수함을 배워야 한다.

바람의 강약에 따라 몸을 자유롭게 움직이는 갈대처럼 교도소나 구치소의 생활에서 자신을 낮추고 겸손함으로 살아야 한다.

우리들은 조그마한 경쟁에도 죽기 아니면 살기식의 막가파식 생존경쟁을 벌인다. 그러나 갈대는 작은 바람이라도 거절하지 않고 몸을 낮추고 각도를 조절한다. 이처럼 나약하면서도 강직한 갈대처럼 영어 생활에서 자포자기하지 말고 마음을 추스려 도약의 계기로 삼아야 한다.

평생 보지도 만나지도 못했던 사람들이 구치소나 교도소에서 만나 어떤 사람은 긴 시간을, 어떤 사람은 잠시 동안, 그 좁고 좁은 2.17평에서 함께 생활해야 한다. 그리고 7~8명이 함께 잠을 자야 하지만 본인이 싫다고 헤어질 수도 없다. 그야말로 동물의 정글 법칙에 맞추어 살아남아야 하기에 그 순간을 갈대와 같은 삶을 살아야 한다. 그러다보니 삶이 어디 그렇게 마음대로 되겠는가? 그리하여 인품도, 지식도 약육강식의 하등동물이 되고 마는데 그럴수록 이성을 가지고 출소하는 그 시간까지 잘 대처하여야 한다.

우화에서 깊은 산 오솔길 옆 맑고 작은 연못에 두 마리의 붕어가 살았다. 사이좋은 이 붕어들은 어느 날 의견이 달라서 서로 싸웠다. 그 싸움으로 인해 한 마리가 죽어 물 위에 떠올랐다. 시간이 흐르면서 죽은 붕어가 썩어갔다. 남은 한 마리는 썩은 물을 먹어야 했다. 한 마리가 죽어 없어지면서 혼자 편히 잘 살 줄 알았던 남은 붕어는 썩은 물을 먹고 마침내 죽었다. 그 후 그 작은 연못에는 아무도 살지 못했다.

그 좁은 평수의 수용자 시설에서 주야로 붐비고 뒹굴며 갇혀 있자니 얼마나 불편하겠는가. 그러나 인간이 존재하는 한 형무소인 구치소, 교도소는 영원불멸할진대 수형인들 아닌 수용자들이 서로 참고 용서하며 출소할 그날까지 서로 위로하면서 지내야 하리라. 또한 사회라는 큰 틀에 더불어 사는 우리들 역시 서로 용서하고 이해하면서 갈대와 같은 삶을 살아야 하리라.

구약성서 시편 30:5절에서 '저녁에는 눈물을 흘려도 아침이면 기쁘리라' 라는 구절을 새기고 이 험산 세파를 다스리며 살아가야 한다.

사람을 가리켜 '상한 갈대와 같고 꺼져가는 심지와 같은 존재' 라고 비유하는 사람도 있지만 적극적인 의지를 가지고 사는 사람들에게는 맞지 않는 말이다.

마라톤 선수 중에서 유명한 에디오피아의 아베베는 맨발로 42,195㎞를 완주하여 세계를 놀라게 했다. 그 후 교통사고로 하반신이 마비가 되어 두 다리를 못 쓰게 되었다. 그러나 그는 그러한 절망적인 상황에서도 희망을 잃지 않고 '나는 두 다리를 잃어 버렸지만 아직 건강한 두 팔이 있습니다.' 라고 희망을 말했다. 그는 두 팔로 부지런히 운동하여 노르웨이 장애인 동계올림픽에서 썰매경주에 출전, 우승을 차지하였다. 결국 그는 우리들에게 실패는 죄악이 아니라는 것을 깨우쳐 주었다. 실패는 특별한 사람만 하는 것이 아니다. 실패는 누구나 한다.

그리스도인은 실패를 두려워하거나 부끄러워할 필요가 없다. 갈대와 같이 현실에 순응하며 하나님의 깊은 뜻을 따르면 된다.

세월은 흘러가고……

　동냥볕의 짧은 일조량에 채 여물지 않은 늦가을이 어느새 다가오고 있다.

　사람은 누구나 음악의 선율처럼 아름답게 살아가기를 원한다. 흉폭화된 현실에서 늘 잔잔한 미소를 지으며 남을 용서하고 살아간다면 얼마나 좋겠는가!

　결혼한 지가 어느덧 38년이 지났다.

　그동안 나름대로 최선을 다하면서 부지런하려고 애썼고, 최고 정상의 출세로 유유작작 살고 싶었다.

　어느 날, 거울을 들여다보니 머리가 가을의 갈대밭 같다. 자신 있게 살았던 내가 어느새 이렇게 되었구나! 스스로 초조하고 긴장감으로 얼룩진 마음에 그림자가 드리워지면서 서글픈 이순耳順의 얼굴을 발견한다.

지나간 추억들이 물안개처럼 스멀스멀 피어나며 그리움으로 안긴다.

나는 어렸을 적 너무도 문화혜택을 입지 못하고 벽촌에서 자랐다. 방학 때면 고작 전남 영광장터에 몇 번 가본 기억밖에 없다. 그곳은 우리나라 우시장牛市場으로서는 제일로 꼽혔다.

초등학교 시절 아버지가 구입한 한우를 몰고 100여리 되는 칠흑 같은 어두운 밤에 소가 인도하는 대로 집으로 돌아오기도 했다. 어떤 때는 동강을 소(牛)줄에 몸을 지탱하고 건넌 적도 있었다. 소의 우직한 부드러움과 주인에게 순종함은 타 동물에 비유가 안 된다.

복잡한 우시장에서 뚝배기에 넘치도록 담아준 해장국의 맛은 아직도 잊지 못한다. 그리고 지금까지도 그런 맛을 접해 본 일이 없다.

100여 리 길 영광장에 아버지와 동행할 때면 어머니인 외경댁은 그때마다 도시락반찬으로 콩을 볶아 밀가루로 범벅하여 콩자반을 만들어 주셨다. 그때 가는 길 중간중간에서 그 콩자반을 먹던 회억回憶들은 어머니를 더욱 그리워하게 만든다.

그래도 다행인 것은 내게도 추억할 고향이 있으니 얼마나 행복한가! 눈을 감으면 뭉게 구름이 피어나는 나의 고향이 있기에 다시 뜨거운 삶의 의욕을 느낀다.

헐떡거리며 방갓재를 오르면 동촌 바다에서 불어오는 비릿한 바닷내음 속에서 세월이 흘렀다.

할미꽃이 반기듯 산기슭에 피어 외로움을 달래주던 방갓재!

세월은 그대로 흘러가는 것이 아니다.

나의 탯줄이 묻힌 대정동 11번지. 흑담 위에 이엉들이 가지런히 얹혀 있는 그 집 앞의 뽕나무밭, 그리고 아버지께서 심은 오동나무 두 그루, 겨울이면 뒤안의 석류가 입에 침을 돌게 하고……. 세월은 무엇인가 흔적을 남기며 나를 더욱 그리움으로 치닫게 한다.

오늘도 추억에 젖은 채 무거운 발걸음을 옮긴다. 누가 "세월은 유수와 같다"했던가?

세월은 흘러도 고향은 고향이더라……!

지는 것들은 아름답다

누가 말했던가? 지는 것이 아름답다고.

가을에는 수확도 있지만 아름다운 단풍잎이 진한 선홍빛으로 물들어 우리의 마음을 아리게 한다. 울긋불긋한 색채가 아름다운 잎인가 싶으면 어느새 지고 만다.

우리들은 그 얼마나 지는 꽃을 슬퍼했던가? 그러나 꽃은 지기 때문에 아름답다고 한다.

세상살이에 지친 노신사는 지는 해가 저녁하늘을 그리도 아름답게 물들여 놓고 있음에 지난 세월을 더듬어 잠시 눈을 감고 고향, 방갓재로 달려간다.

삶의 경쟁은 평화스러워 보이는 석촌호수 숲속에서도 일어나, 그 호수에 유유히 떠 있는 오리들이 먹이 찾기에 분망하다.

이 세상 모든 것은 시간에 차이가 있을 뿐, 언젠가는 사라진다.

삶을 숭흠崇欽함으로써 죽음이 아름다운 것이다.

인간에게는 죽음이 어차피 있기 마련인데도 그를 맞는 사람들은 항상 슬프다. 사랑하는 가족도, 애인도, 친구도, 심장의 고동이 멈추면 이별해야 한다.

이처럼 허무하게 끝나버리는데도 불구하고 우리들은 사랑해야 할 존재에 대하여 너무 무관심하다가 사라진 후에야 아쉬움과 탄식의 마음을 갖는다.

재산을 많이 소유했다고 죽음이 연장되는 것도, 지위가 높다고 죽음을 면할 수 있는 것도 아니다.

인간은 빈 손으로 돌아 가야 할 유한의 존재다.

불교를 수호하는 '제석천'의 시에 '세상 모든 것이 덧없으니 / 무릇 나고 죽는 것은 덧없어라 / 나고 죽음이 없어진 후에 / 열반은 즐거움이라' 고 했다. 또 성경 말씀에 "한 알의 밀알이 땅에 떨어져 죽지 않으면 그대로 있고, 죽으면 많은 열매를 맺느니라."라는 말씀이 있다.

풍성한 이 가을, 석촌 호숫가 벤치에서 지는 것들에 대한 아름다움을 음미하는데 문득 낙엽 한 잎이 발등에 떨어진다.

사회의 창

쇼펜하우어는
"여성의 아름다움과 운명은 그녀의 코 곡선 방향이 지배한다."
라고 했다.
운명에 관련된 성형수술도 스스로 운명에 빠져들 수 있음에
우리들은 주의해야 한다.

– 〈문신〉 중에서

텃세

TV의 '동물의 왕국' 다큐멘터리를 보노라면 사자나 호랑이와 같은 동물들은 오줌으로 자기들의 영역을 표시하고, 그 안에 들어오는 적은 가차 없이 공격하는 장면이 나온다. 또, 평화스럽게 보이는 어항 속 물고기들도 먼저 들어온 놈이 나중에 들어오는 놈에게, 그리고 힘센 놈이 약한 놈에게 텃세를 부린다.

텃세는 동물의 본능이다. 또 수컷은 생활공간과 먹이, 그리고 암컷을 독점하기 위해 자기만의 일정한 세력권을 구축한다. 심지어 미물인 잠자리까지도 텃세를 하는데 왕잠자리 수놈의 경우 텃세권이 반경 30미터에 달한다고 들었다.

인간도 다르지 않다. 인격을 갖추고 있기에 어느 정도

억제하는 이성을 가진 것이 동물과 다를 뿐이다.

　필자의 어린 시절, 집에서 기르던 닭을 어머니께서 장에 팔러 가셨다가 값이 맞지 않아 되가지고 오신 적이 있었다. 그때 그 닭을 풀어놓으니 여지껏 같이 있었던 닭들이 되돌아온 닭을 무리지어 쪼는 것을 보았다. 그 때 필자가 약자의 편에서 회초리로 쫓던 기억이 어슴푸레 난다. 그런데 이런 텃세가 믿음의 형제들 사이에서 벌어지는 것을 보았다. 물론 극히 드문 일이기는 하지만…….

　'홈그라운드 어드벤티지'란 말도 텃세를 일컫는 외래어다.

　극히 소수이지만 교회 안에서도 텃세가 있기에 반성의 의미에서 지적해 두고자 한다.

　어느 날 필자가 다른 교회로 출석을 등록하며 그리스도를 위해 봉사하겠다고 기도하던 중, 그 교회에서 전, 현직 공무원으로써 법률상담에 봉사할 분을 찾는다는 주보의 광고를 보았다. 그래서 교회 안내 집사에게 물어 8층 봉사실로 올라갔다. 거기에서 기존의 봉사하던 남, 여 두분과 인사를 나누었다. 그때 남자 집사가 말하기를 "그간 변호사 등 전문지식인들이 법률상담을 했지만 별다른 효과를 보지 못했다. 그리고 우리들이 12시 30분까지 몇 년간 상담하고 있으니, 당신은 6층 행정실에서 혼자 하라"고 퉁명스럽게 내뱉었다. 나는 마음에 상처를 받았지만 넓은 마음으로 넘기면서 그 다음 주부터 낮 12시 30분부터 오후 3시까지 봉사를 하게 되었다.

그런데 어느 날, 봉사를 하기 위해 6층 행정실에서 대기하던 중 뜻하지 않게 그들의 대화를 듣게 되었다. 남자 집사는 내가 가까이에 있음을 모르고 "그 새로 온 사람, 8층에서는 상담을 못하도록 하라"고 했다. 그리고 필자가 전주에 상담하며 일지에 상세히 기록했던 것을 마치 자기가 기록한 양 행정집사에게 말하면서, '그 사람' '저 사람' 하고 마치 자기 휘하의 사람에게 하듯 험담했다. 그러자 행정집사가 필자를 가리키자 그는 겸연쩍은 표정을 짓다가 휙! 하니 나갔다.

생각컨데, 기존 상담봉사자들이 생활의 수단도 아닌데 눈에 쌍심지를 켜고 그렇게 필자에게 텃세를 부리는 저변에는 무슨 까닭이 있을까? 여자 집사는 법무사 부인이고, 남자 집사는 약 70여 세의 노무사라고 했다. 그 두 사람은 교회에서의 상담봉사를 자기들의 거래처를 확보하는 고리로 이용하고 있었던 것이다. 그러다보니 필자가 그들에게는 굴러들어온 돌이 되고 만 것이다.

필자는 무거운 마음으로 귀가했다. 그리고 '이것이 텃세인가' 생각하며 필자의 처, 권사에게 겪었던 일을 이야기했다. 그랬더니 집사람은 믿음으로 용서하고 교회나 열심히 다니자고 위로했다. 그 말을 듣고 필자는 자신의 믿음이 이 정도라는 데에 죄스러워 다시한번 반성을 했다.

말은 인생의 밑천이다.

첫째, 말을 듣는 문(귀)이 있고, 둘째 간직하는 창고(마음)가 있으며, 셋째 그 말이 닫혀 있을 때에는 부자도 되고 가난뱅이도 된다.

인생의 부자가 되는 비결은 말에 있다. 첫째 진리의 말, 둘째 의로운 말, 셋째 선한 말, 넷째 비전 있고 긍정적인 말만을 골라서 쓸 수 있다면 그 사람은 마음이 부자다.

하나님께서는 우리에게 하나님과 교통하고, 사람 사이에 소통하고, 만물을 다스리는데 사용하라고 말을 주셨다. 그러므로 믿는 형제들은 믿음의 말, 칭찬의 말, 소망적인 말, 비전의 말로 온유한 자의 말이 되어 겸손한 마음에서 관용으로 대하는 형제들이 되어야겠다.

그 후, 필자는 신앙의 자세에서 모세 그리고 예수님을 본받아 용서하는 사람이 되겠다고 굳게 다짐했다. 그래서 동물과 같은 텃세가 아닌 사랑과 용서로 두 집사들을 환하게 맞이하기로 했다.

필자는 남을 미워한다는 것은 곧 나를 미워하는 것임을 깨닫는다. 이는 그리스도께서 알려주심이니 필자의 마음에 은혜가 된다.

그래 / 용서하자 / 아무 대가 없이 말이야 / 분노가 불같겠지만 / 진실한 사랑을 주렴 / 하얀 박꽃 같은 웃음을 / 그리고 기도하자 / 자아를 떨구고 / 서로의 은혜로 / 대가 없는 사랑과 용서를……

필자의 두 번째 시집 《그리움이 담긴 노래》 중 〈용서〉라는 시로서, 이 글을 접기로 한다.

무리한 주식 투자가 죽음을 부른다

짧은 봄을 아쉬워하는 동안, 초여름 날씨가 성큼성큼 다가와 산하를 신록으로 물들이고, 우리들에게 신선한 숲의 노래를 들려준다.

일본의 최고 갑부이며 정계 거물인 이토야마 메이타로(系山英太郎)는 '돈벌이는 정상도 끝도 없는 영원한 학문이요, 돈은 나를 비약적으로 성장시키는 원료다' 라고 했다. 역시 많은 사람들의 가장 큰 욕망 중 하나도 돈을 많이 벌었으면 하는 것이다.

하지만 대부분의 사람들이 비록 정도의 차이는 있지만 하루 벌어 하루 먹고 사는 사람들이라 돈을 원하는 것만큼 벌기란 그리 쉬운 일은 아니다. 그러다보면 조금이라도 목돈이 생기면 어떻게 해서든지 그 돈을 굴려서 돈을 벌수 있을지 고민하게 된다. 그래서 주식에 투자하기도 하고, 부동산 매매도 하고, 경마장에 가기도 한다. 그 중 사람들은 바로 현금화할 수 있고, 빠른 시간 안에 크게 부풀릴 수 있다는 점에서 주식 투자를 한다.

특히 주가가 연일 상승하고 주변에서 떼돈을 벌었다는 사람들이 많다는 소리를 들을수록 주식투자는 모든 사람의 관심사가 아닐 수 없다. 또한 투자는 경영학 학문 중에서도 가장 이론체계가 공고히 정립되어 있고, 투자론이란 학문을 연구한 학자이거나 공부하는 경제학도들도 사회에서 인정받고 있다. 그래서 주식투자를 하는 것이 남들에게 손가락질 받을 일이 아님을 안다.

그러나 주식투자를 하는 사람들 대부분이 느낀 일이지만 주식투자로 돈을 번 사람보다 돈을 잃은 사람들이 너무나 많다.

투자론을 전공하여 경영학 박사 학위를 취득한 사람들도, 우수의 대학을 졸업하고 금융계 또는 자금관리에 종사한 사람들도, 다시 말해 날고 긴다는 사람들 중에서도 주식으로 돈을 벌었다는 사람들은 거의 보지 못했다.

뿐만 아니라 시시각각으로 변하는 주가를 보느라고 자신이 하는 일도 내팽개친 채 컴퓨터 앞에서 하루를 소비하는 사람들도 많이 생겨나고 있다. 더욱이 젊은 나이에 자기가 몸담은 회사에 기여할 수 있고, 인정받을 수 있는 능력 있는 사람들이 주식에 일희일비—喜日悲하며 살아가는 사례가 본인들의 문제를 뛰어 넘어 국가적, 사회적으로 문제가 된다.

또한 본인들이 감당할 수 있는 여유돈만을 가지고 하는 것이 아니라 대출을 받거나 남에게 빌려서, 심지어는 절대로 해서는 안 되는 회사 공금까지 끌어내서 무리하게 투자하다가 구속까지 되어 가족과 이혼까지 하는 경우를 우리는 잘 알고 있다.

이러한 상황은 결국 본인들의 파산뿐만 아니라 가정의 파탄, 또는 직장에서도 심각한 문제를 야기시키기도 한다. 심지어 서초동의 K변호사는 의뢰인들로부터 사건 수임료를 받아 재판에 심혈을 기울여야 함에도 불구하고 컴퓨터 앞에 앉아 그날의 주식 시세만을 알아보고 있으니 이 얼마나 한심한가?

필자는 여기서 이러한 문제를 예방하기 위해서 주식시장을 배우고 이해하라고 강조하고 싶은 마음은 없다. 더욱이 밤잠을 설쳐가며 컴퓨터 앞에서 대박을 꿈꾸며 고민하라고 하고 싶은 마음은 추호도 없다.

오히려 주식투자로 돈을 벌어 행복해지겠다는 잘못된 생각을 갖지 말고, 그 보다 확실하고 건실한 것을 선택하라고 권면한다.

삶을 추구하는 자세를 바꾼다면 살아가는 행태도 바뀔 것이다.

자본시장의 꽃이라는 주식시장이 투기장으로 변질된 지 오래다.

지나온 시간들은 아무리 길어도 짧아 보이고, 다가올 시간들은 아무리 짧아도 길어 보인다. 지금이라도 화목한 가정, 원만한 대인관계, 정당히 노력한 대가를 중시하는 사회적 분위기가 사람들의 가치관으로 뿌리 내리기를 바란다.

부귀에는 사람들이 모여들지만 빈천貧賤에는 친척도 떠나간다. 주식투자가 망상임을 스스로 깨쳐 인간의 행복이란 소유에 있는 것이 아니고 인간답게 살아가는 그 속에 있음을 알게 되기 바란다.

문신文身

　문신文身: Tattoo이란 피부나 피하조직에 상처를 내고 물감(색소)을 들여 글씨, 그림, 무늬 등을 새기는 일이며 입묵入墨 또는 자문刺文이라고도 한다.

　문신의 기원은 포리네시아 사람들의 상처에서 시작된 것 같다. 상처에 어떤 색깔이 들어가고, 그 상처가 아물자 문양이 그대로 남았던 것이 문신의 시작이라는 추측이다. 이렇게 문신은 고대 원시 시대 때부터 시작되었던 바, 이집트의 미라에서도 발견된다. 지금도 베트남 어부들은 용이나 악어문신을 하고, 라오스에서는 인어처럼 하반신에 고기비늘처럼 문신을 한다. 또 남태평양에서는 허벅지나 손등에 상어 문신을 한다.

　우리나라에서는 삼한시대 때부터 문신을 했다고 한다.

고려시대에는 절도 전과범의 오른쪽 팔뚝에 도둑놈이라는 말을 줄여 '도'자를 문신하게 하는 등 형벌수단으로 널리 쓰였다. 심지어 도망했다가 잡혀온 노비는 팔뚝이나 얼굴에까지 문신을 해서 도망하지 못하도록 했다고 한다.

조선조 순조 때 문헌 오주영문장전에 의하면 서민들도 결의를 할 때 서로의 팔뚝에 바늘로 쪼아 먹칠을 하여 변심치 않을 것을 약속했다. 1940~1950년을 전후하여 의형제를 맺기 위하여 서로의 팔뚝에 먹물로서 문신을 새겼으며, 1960년대 중반 월남전 때 월남 파병 군인들 사이에 팔과 몸에 맹호부대는 호랑이, 청룡부대는 용의 문신을, 십자성부대는 야자수 그림을 문신했다.

1970년대 들어와서 여자들은 매일 화장하는 것이 번거롭다는 이유에서 눈썹이나 속눈썹(아이라인)등에 문신하였으며 지금도 하고 있다.

문신의 어원은 Captain Cook이다.

알프스에서 발견된 5천 년 전의 주검에서도, 4천 년 전 이집트의 미라에서도 문신이 발견된다. 당시의 문신은 주술적인 의미를 지녔다. 신을 상징하는 문양을 몸에 새김으로써 영령의 힘을 얻고자 했고, 종족의 정체성을 상징하기도 했다.

국가 제도가 정착되면서 문신은 신분표시와 형벌의 수단으로 사용했다. 로마인이 노예에게 찍은 낙인烙印이나 나다니얼 호손의 '주홍글씨', 조선영조 이전에 범죄자의 이마와 뺨에 먹으로 죄목을 새기는 '자자刺字'가 모두 문신이다. 구약성서에 '너희 몸에 먹물로 글자를 새기지 말라'는 기독교문화나, 부모에게 받은 신체발부身體髮膚 : 몸의 털과 피부를 훼손하지 않는 것이 효孝의 시작이라는 유교적 가르침의 결과일 것이다.

문신이 관능과 탐미의 상징이 된 것은 18세기 서구 제국주의 시대다.

타투Tattoo란 타이티어를 서구에 소개한 인물은 영국의 탐험가 제임스 쿡(1728~1779) 선장이다.

타투는 조폭에서부터 예술가에 이르기까지 다양한 사람들이 활용하고 있다. 축구스타 안정환은 육군에 입대하면서 아내에 대한 사랑을 몸에 새기기도 하였다.

문신의 풍습은 이미 원시시대부터 있었는데 BC 2000년경의 이집트의 미라와 세티1세(재위 BC 1317~1301)의 무덤에서 나온 인형에 이것이 나타나 있다.

일반적으로 미개민족들은 성년식을 행할 때 문신을 했다.

신체발부 수지부모 불감훼상 효지시야(身體髮膚 受之父母 不敢毀傷 孝之始也 : 몸과 머리카락과 피부는 부모에게서 받은 것이라 감히 이것을 상하면 불효다)라, 부모님에게 물려받은 신체는 잘 보존해야 함에도 군대를 가지 않기 위해서 조직폭력배들은 문신을 한다. 그리고 성性의 쾌락을 위하여 남성들의 성기를 확대하는 수술을 한다.

목욕탕에서 보면 해바라기 같은 시술을 하여 성기가 흉측하리만큼 축 늘어져 우습다 못해 측은해보이기도 한다. 어떤 경우는 칫솔을 갈아 구슬을 몇 개 넣어 무거워 늘어지기도 하며, 어떤 사람은 실리콘을 주입하여 머리인지 성기인지 분별할 수 없을 만큼 흉물스럽다. 그들은 분명 비정상적인 가정을 가지고 있을 것이고 교도소를 몇 차례 갔다 온 전과자임에 틀림없다고 추측을 한다.

그들은 대부분 윤락가를 배회하며 술집 접대부들의 소위 기둥서방 생활을 한다니 이쯤 되면 사람으로서 할 일이 못된다. 그들의 성기시술은 자신감을 상실한 열등의식과 여성에 대한 지배심리 때문이리라.

교도소나 구치소에서는 문신행위가 절대로 허용 안되나 그 단속이 역부족인 것 같다. 구치소나 교도소에서 성기를 시술 할 때에는 칫솔대를 구하여 콘크리트 바닥에 갈아 구슬을 만들어 성기를 칼로 째고 주입한다고 한다. 그들은 혹여 부작용이 있을 것을 대비하여 의무과에서 마이신을 구하여 복용한다고 하지만 그게 어디 온전하겠는가. 해바라기는 실로 성기를 쫌쫌히 꿰매어 20여일 정도 지나면 썩어 실밥이 떨어지게 해서 만든다고 한다.

문신의 종류는 하트 모양으로부터 전신을 휘감은 용그림, 그리고 하반신을 휘감고 혀를 날름거리는 뱀그림, ‘천상천하 유하독존’ 글씨, 일본어로 ‘사이고마대’ 등 실로 종류가 다양하다. 그 의미는 최후까지 싸우겠다는 것인지, 아니면 최후까지 건달로 남겠다는 것인지…… 또 더욱 끔

직한 것은 문신에는 꼭 누구를 죽이겠다는 문귀가 있으며 어떤 사람은 용서란 문신도 있다.

또한 구약성경인 레위기 19:28절에도 '몸에 무늬를 넣지 말라' 라고 경고했다.

서양에서는 문신이 예술로 인정받고 있으나 우리나라에서는 아직 범법자들이나 폭력배들이 하는 것으로 인식되고 있다. 더러는 영화에 나오는 아프리카 원주민들의 문신에서 아름다움을 느낄 때도 있긴 하다. 성형수술을 받기 전에는 막연한 기대감에 싸이지만 수술 후 결과가 그 기대나 환상을 충족시켜 줄지는 미지수다. 그래서 한 원로 의사는 문신의 시술 전에는 구름 위에서 꿈을 말할 수 있지만 수술 후에는 땅 위에 서서 현실에 부딪혀야 한다고 충고한다. 물론 아름다움은 참 좋은 것이다. 그러나 40대에 짙은 눈썹 문신을 했다가 시간이 흘러 이들의 머리카락은 하얗게 변했는데 눈썹만 숯처럼 검어도 어딘지 자연스럽지 않을 것이다. 그래서 지워달라고 찾아오는 사람도 있단다. 이렇듯 유행은 변하고 얼굴도 변하며 자신의 마음도 바뀌는 현실을 감안해야 할 것이다.

요즈음 문신시술 업체의 홈페이지에 접속하는 군입대 예정자들이 많다고 한다. 그들은 대부분 현역을 기피하기 위해 등에 여인이나 용을 문신한다. 2001년부터 2003년 5월까지 문신으로 4급 판정을 받은 자가 230명에 이르며, 도별로는 충남 39명, 전남 34명, 전북 17명, 경기와 인천 13명으로 그 중 19명이 구속까지 되었다. 문신을 한 사람들의 면면을 보면 숱한 사연과 정한情恨을 피부에 새겨놓고 타고난 자신의 운명에 다소곳이 순종하는 듯하다.

문신은 미용이든 패션이든 잘못하면 평생 후회할 수도 있으므로 굳이 할 필요가 없다. 이런 이물질이 인체 속으로 들어가면 문제가 없는 경우도 있지만 수술부위가 감염되는 경우도 있다. 이 때에는 다시 제거수술을 해야 한다. 또 남자의 성기부분에 플라스틱 구슬 같은 이물질을 삽입할 경우 여자들로부터 징그럽다고 면박을 받거나 성생활을 계속할 수 없는 경우도 있다. 극히 정상적인 부부관계라면 '거시기 인테리어'로 인하여 쾌감보다는 공포, 그리고 불쾌감만 줄 것이다.

전과자들은 범법 수에 따라 문신의 유형도 가지각색이란다.

쇼펜하우어는 "여성의 아름다움과 운명은 그녀의 코 곡선 방향이 지배한다."라고 했다. 운명에 관련된 성형수술도 스스로 운명에 빠져들 수 있음에 우리들은 주의할 필요가 있다.

한나라 고조는 왼쪽 사타구니에 73개의 검은 사마귀가 있었다고 한다. 사람 눈에 띄지 않는 곳의 73개의 사마귀는 제왕에 오를 상서로운 상이나 7+3=10으로 운이 꽉 차 장래가 없다고 하여 사마귀 하나를 빼 72개로 했다니 이 또한 운명성형이라 할 수 있을 것이다. 이미 인도에서는 1000여년 전부터, 유럽에서는 16세기부터 운명성형이 성행했다고 한다.

시대와 문화의 변화에 따라 생활에 무엇인가 새롭게 하고 싶고, 만족을 얻고 싶은 나머지 젊은이들은 귀도 뚫어보고, 거시기도 마음대로 뜯어고친다. 그러나 그로 인해 가정 파탄에 이르는 경우도 종종 볼 수 있다. 문신으로 운명을 바꾸어 보려다가 종국에는 후회하고 원상복구를 하고자 병원을 찾은 사람들이 2003년 들어 10대에서 50대까지 약400여 명이나 된다니 이 얼마나 딱한 일인가! 꼭 유교인이 아니더라도 부모님이 주신 신체를 잘 보존하여 양질의 인품으로 삶을 영위하는 것이 효도일 것이다. 그러나 한편으로 개성의 시대에 건전한 문신은 바람직스러운 건 아닌지 깊게 성찰할 여지는 남아 있다.

귀향

인생의 모든 변화가 다 그렇다.

고난과 고통을 당하면 극복하지 못할 것 같지만 하나님께서는 열악한 환경 속에서도 자급자족하도록 우리들에게 지혜와 은혜와 일용할 양식을 주셨다.

흔한 예로 부부가 대판 싸울 때는 절대로 용서 못할 것 같지만 뒤돌아 서면 마음속으로 후회하며 다시 사랑하게 된다.

인생의 여정을 살펴보면 모든 게 왔다가 간다는 평범한 진리를 터득하게 된다.

자연의 사계절과 희노애락 등 우리들이 걸어온 길을 돌아보면 힘든 고비고비를 용케도 잘 넘어왔다.

어떤 고난도 지나가면 그 뿐이다. 그리고 그것이 고난이기에 기억하고 싶지 않다. 그것이 우리들을 멍들게 하기 때문 아닐까?

　자유를 잃고 고통과 슬픔, 좌절에 머물었던 수형인들은 '구메밥'에 대하여 쉽게 망각하고 언제 그런 것을 먹었는지 조차 모르게 된다. 법구경에 "즐거움은 잠깐이요, 괴로움이 많음을 어진 이는 깨달아야 한다."라고 했다.

　또한 명심보감에 "약한 자에게 부당한 방법으로 자기의 유익을 취한 자는 우선은 현명한 것 같으나 결국 하늘이 죽인다.若人作不　善得顯名者人, 雖不害天必戮之"라는 구절이 있다. 사람들은 인간이 만든 법은 무섭고 하늘의 법은 무섭지가 않기 때문에 허술한 법망을 교묘히 피하고 있다.

　우리 생각해 보자.

　수천, 수억 원을 편취하고 횡령한 자가 징역 몇 년이면 끝나는가 하면 작은 도둑은 몇십 년을 살아야 하는 이 현실 앞에서 과연 정의가 강물같이 도도히 흐른다고 볼 수 있을까?

　고통 속에서 자유를 잃고 징역을 살고 있는 수형인들의 말을 빌리자면 '어린애 옷이 비싸고, 작은 시계가 비싸듯' 형의 선고도 상식으로는 도저히 이해가 가지 않는 징역을 받아야 한다. 이런 것들이 약자의 현실이라고 체념하고 있노라면 세월은 가진 자, 못가진 자 가리지 않고 평등하게 흘러 어언 징역을 마치고 귀향한다. 그리고 지나간 잘못을 회개하고 교회를 찾아 새로운 사람이 되겠다고 참회의 기도를 한다.

내가 알고 있는 어떤 출감인은 지하 단칸방에서 처와 자식과 더불어 살아가며 리어카에 과일 행상이나 채소장사를 했다. 그는 그렇게 조금씩 마음의 행복을 찾았다. 주일이면 교회에 나가 기도하며 남은 인생 헛되지 않게 살겠다고 굳게 다짐도 했다. 지금은 돈을 모아 중고 화물자동차를 한 대 사서 처와 동승하고 생선장사를 한다. 아파트단지를 운행하며 확성기로 '제주도 갈치가 왔어요, 꼬리를 살랑살랑 흔들고, 눈을 꿈벅! 꿈벅! 꿈벅이는 제주도 갈치가 왔습니다' 라고 쉰목소리로 동네 골목길을 누비며 살고 있는 아름다운 사람이 되었다.

우리들은 지난 과거는 별 문제가 되지 않는다. 지금 이 순간에 어떻게 살고 있는지가 중요한 것이다.

아름다운 그 사람들은 밟아도, 밟아도 죽지 않는 들꽃처럼 환한 웃음으로 열심히 살아가고 있다. 그들에게 아픔은 잠깐이었다.

변호사 弁護士

옛말에 말 잘 하는 사람을 가리켜 '변호사 같다'고 한
다. 그런데 변호사가 사건을 수임하면 의뢰인을 위하여 재
판부에 증거를 제출하고, 최선을 다해 공격과 방어를 해가
며 변론에 힘써야 한다. 그런데도 무엇이 무서워 몸을 도
사리며 판·검사의 눈치만 보고, 사건의 종결만 기다리는
사람이 있다. 그럴 경우 그 한심함에 의뢰인은 가슴속에
녹이 슬고, 고통 속에 괴로워해야 한다.

또 개도 돈을 먹지 않는다는데 극히 일부 변호사는 돈
만을 벌기 위해 수단과 방법을 가리지 않고 마구잡이로
사건을 수임하고 있으니 한심하다. 그러나 그것을 밝히기
란 현실에서 무척 어렵다.

필자는 국가 공무원으로 20여 년간 재직하면서 줄곧 수사부서에서 잘잘못을 가리는 업무를 취급했다. 그때는 혈기방장한 젊은 시절이어서 모르는 중에 인간의 존엄성을 경시하기도 했을 것이다. 그러다가 퇴직한 후, 그 업무의 연장이라 할 수 있는 변호사 사무실에서 주사무장으로 17년 동안 일하고 있다. 그 동안 직무에 충실한 나머지 의뢰인들의 아픔을 제대로 살피지 못하고 그저 수치만 챙기는 못난 사람이었으나 이제 늦게나마 참회한다. 법을 조금 안다고 해서 얼마나 교만했는지…….

그런가 하면 몇몇 변호사들의 동물적 배신으로 고통과 고난을 겪기도 했다.

형사사건으로 구속되는 피의자, 피고인, 그리고 그 가족들에게 조금이라도 도움이 될까 하여 변호사 및 그 업무에 관하여 아주 일부분을 설명하고자 한다.

변호사란 사건 당사자 또는 관계이나 관공서의 위촉을 받고 소송사건, 비송사건, 소원, 심사의 청구, 이의의 신청, 행정기관에 대한 불복신청 등의 사건에 관한 법률사무를 행하는 자를 말한다. 변호사의 자격에 관하여는 동법 제 3조에 있는 바, 변호사로서 개업을 하려면 법무부에 비치한 변호사 명부에 등록하여야 한다. (변호사 법 7조)

그리고 국어사전에 의하면 변호사란 '소송 당사자의 의뢰 또는 법원의 선임에 의하여 소송 사무나 일반 법률사무를 행하는 것을 업으로 하는 사람' 이다. 형사 소송법상의 변호사는 '피고인 또는 피의자의 방어력을 보충함을 임무로 하는 보조자'를 말한다.

형사 소송법은 피고인에게 검사의 공격에 대하여 자기를 방어하는 수동적 당사자의 지위를 인정하고 있다. 피의자도 당사자는 아니지만 장차 소송에서 당사자가 될 소추의 주체로서 방어에 필요한 여러 가지 권리를 보장받는다. 그리고 변호사는 피고인의 방어력을 보충하기 위한 피고인의 보호자라 할 수 있다. 그래서 피고인 또는 피의자가 소송주체로서의 권리를 행사하는데 보완적 역할을 본래의 사명이 있다.

또 의뢰인에게 법률 지식을 제공하고 재판에서 유리하게 작용할 증거를 제출하고, 법률적 주장을 펴야 한다. 즉 변호사는 의뢰인의 권리를 보호하고 판결에서 승소하도록 이끌 의무가 있다. 또 변호사는 사건의 내용이 개인적인 정의감이나 양심에 어긋난다고 하여 검사, 판사와 같이 행동한다면 그 존재의 의의가 없어지게 되므로 의뢰인과는 돈독한 신뢰관계가 전제되어야 한다.

그리고 변호사는 포괄대리권을 가지는 이외에 독립대리권과 고유권을 가지고 있으며, 피고인에 대하여 비밀유지 의무를 가진다. 만일 업무 처리 중에 알게 된 비밀을 누설할 때에는 업무상 비밀 누설죄가 성립한다.

변호사는 검사나 법원은 물론 피고인에 대해서도 종속되지 않는 독립된 법조기관으로서의 지위를 가진다. 변호사법 제 1조 1항에 '변호사는 기본적 인권을 옹호하고 사회정의를 실현함을 사명으로 한다.'라고 명문화 되어 있다. 변호사의 공익적 지위에 대한 법적지위로 동법 제 20조 2항에서 변호사는 그 직무를 수행함에 있어서 진실을 은폐하거나 허위의 진술을 하여서는 안된다고 되어 있다.

변호사는 의뢰인의 보호자임과 진실을 밝혀야 할 이중의 지위를 가진다. 그러나 의뢰인 보호자로써의 지위와 공익적 지위가 충돌하는 경우에는 보호자라는 지위를 기본으로 하고 공익적 지위는 소극적 의미의 지위를 가지면서 해결하여야 한다. 이때 변호사는 공정한 재판의 이념에 따라 법률상 허용되지 않는 수단이나 국가의 법질서에 반하는 변호활동은 할 수 없다.

또한 고소인이나 피해자를 만나 합의나 고소취하를 시도하는 것도 당연히 허용된다.

변호사의 권한도 대리권, 고유권 외에 형사소송법 제 34조에 명시된 접견 교통권도 있다. 동법 제35조에 의거, 기록열람, 복사권도 있다.

'개똥밭에 굴러도 이승이 좋다'는 수형인들은 경찰서 유치장이나 구치소의 구금으로 신체적 자유를 빼앗긴다. 그래서 가족과 소식이 끊긴 상태에서 재판을 받을 때면 당황하고 어찌할 바를 모르게 된다. 그래서 같은 수형인들로부터 변호사를 소개 받는 경우가 있다. 그럴 때 비양심적인 변호사는 사건의 내용 파악보다 앞서 출소하게 해주겠다고 감언이설로 가족들이 찾아오도록 하여 사건을 선

임 받는다. 그리고는 몇 차례 재판을 진행하다가 실형을
받게 되면 슬그머니 꽁무니를 빼버린다. 그러면 수형인은
항소심에서 또 변호사를 선임해야 하는 이중의 고통을 겪
는 경우도 있다.

옛 속담에 "마누라 팬티라도 팔아 변호사 산다"는 말이
있듯이 없는 사람들은 한번 구속되면 이래저래 집이 거덜
나 그 수형인은 출소하면 적응 못하고 죄를 또 짓고 다시
옥살이를 하는 경우도 많다.

어느 수형인은 몇 번의 옥살이를 했기에 더 이상 징역
살이를 하지 않을려고 전관예우를 받는 모 부장검사 출신
과 부장판사 출신 변호사를 2, 3천만 원을 주고 선임했다.
그러나 기대와는 달리 영장이 발부 되었고, 실형을 받았
다. 또한 전과가 있다는 이유로 변호사가 마치 피의자 수
사하듯 딱딱거리고 말도 못하게 하더라는 것이었다.

어느 시인은 '변호사는 죄를 사랑하고 죄를 절대로 미
워하지 않는 사람들'이라고 했다. 그러나 그렇지도 않고
돈벌이에 혈안이 되는 사람도 있다. 물론 정의롭고 고매한
변호사가 더 많다.

윤 모 수감인은 외국환관리법위반죄로 구속되자 수임료
5천만원을 주고 고등법원 부장판사로 퇴임한 변호사에게
사건을 의뢰했다. 처음 약정하기로는 영장 실질심사에서
기각시키기로 했다가 실패, 1심에서 재판 한두번 하다가
보석으로 석방시켰고, 사례비로 고액을 더 받아갔다는데

이래도 되는 것인지 생각해 볼 문제다.

　변호사는 "불안을 먹고 사는 직업"이라고 지적했는데 그 말이 맞는 말일까? 갑자기 자유를 빼앗기고 수감된 사람이 밖의 세상으로 나가고자 하는 고통과 불안을 악용하는 직업이라고 생각하고 싶지 않다. 그러나 미국인으로서 한국에서 결혼한 하 모 변호사가 TV대담에서 "미국에서는 의뢰인이 왕인데 한국에서는 변호사가 군림한다"고 하는 말을 듣고 느끼는 바가 크다.

　미국의 죠크 하나.
　친한 친구 셋이서 누군가 죽어 문상을 함께 가게 되면 한 사람당 1백달러씩 노자돈을 관 속에 넣어주기로 하였다.
　그 후 어떤 사람이 죽어 문상을 갔다. 먼저 의사 친구가 1백 달러짜리 한 장을 관 속에 넣고, 그 다음 목사 친구가 역시 1백 달러 지폐 한 장을 넣었다. 그러자 변호사 친구는 액면 3백 달러짜리 당좌수표 한 장을 넣어주고서는 관 속의 현찰 2백 달러를 거스름돈으로 끄집어내어 가더라는 것이다.
　여기에서 의사, 목사, 변호사 세 가지 직업의 사회성이 변증법적으로 매개되고 있음을 보게 된다. 바꾸어 말하면 직업이란 사회적이기에 우리는 거기에서 윤리를 생각한다. 변호사의 윤리장전도 그래서 있는 것 아닌가.

그런데 일부의 변호사가 문제가 되어 많은 변호사들이 윤리적으로 잘못 된 양 비춰지고 있다.

서울 구치소 접견장의 말끔히 단장된 대기실 벽에 어느 변호사에게 속은 피고인이 피울음을 토하듯 혈서로 변호사 누구누구는 사기꾼이니 속지 말라고 써놓은 문구가 있단다.

미국의 '엘리트 엘리스'는 "정신요법에서 상담자가 내담자를 대할 때에는 이성만 가지고 대할 것이 아니라 따뜻한 감성을 가지고 그에 맞는 행동까지 곁들여 줄 때에 상담효과가 증폭된다."고 말했다. 즉, 변호사로서 감성을 가지고 아픔을 치유하는 의사의 심성으로 의뢰인의 상처를 꿰매주어야 한다는 말이다.

그런데 일부 변호사는 사건 수임을 받을 때까지는 인격적이고 선한 변호사로 행동하다가 수임을 받음과 동시 전화 받는 태도부터 돌변하여 의뢰인의 가족들이 변호사를 만나려면 하늘에 별따기 정도이니 이 어찌 이중인격자가 아닌가.

고사성어에 망매해갈望梅解渴이라는 말이 있다. 이는 조조의 뛰어난 재치를 뜻하기도 하지만 한편으로는 사람들의 마음을 교묘하게 속이는 것을 말한다. 즉, 위에서 말한 사건 수임을 받기 전과 후의 이중성을 꼬집는 말이다.

서울 서초동에 있는 민 아무개 변호사는 공소 금액이 320만 원인 불구속사건을 700만 원에 수임 받았다. 그러나 아무런 도움을 주지 못하고 재판만 끌다가 의뢰인이 법정 구속되어 8개월의 실형을 살고 출소했다. 그 사건은 누범으로 벌금이 아니면 실형인 것을 알면서도 속여 수임을 받은 후 법정 구속직전에 사임하여 세금포탈까지 하고 수임비 전액을 편취한 것이다. 그 사건 당사자는 쓴웃음을 지으며 "법을 팔아 못된 짓을 한 그 변호사는 그 돈으로 가족들과 잘 먹고 잘살겠지요." 하면서 허탈해 했다.

영국 속담에 '아무리 훌륭한 변호사라 해도 나쁜 이웃보다 더 나쁘다.' 라는 말이 있다. 돈만 챙기는 고약한 변호사는 우리나라뿐 아니라 세계 어느 나라에서나 농담의 단골 메뉴가 되고 있다.

미국에서 변호사에 대한 직업적 평판은 중고차 중개상인의 그것보다 약간 나을 정도로 형편없다. 미국인의 80%는 변호사가 정직하지 않은 직업이라고 생각한다. 75%가 자식들이 변호사 되는 것을 반대한다고 답했을 정도다. 변호사가 사회정의 및 윤리와는 담을 쌓고, 단지 법률지식을 파는 장사꾼으로 전략했기 때문에 이런 현상이 생긴 것이다.

오늘날 미국에 변호사는 많지만 정의는 사라져 버렸다고 한탄한다. 변호사는 의뢰인의 돈을 빼먹는 데만 정신을 쏟고 있다는 것이다.

서울 서초동에 있는 연수원 출신 변호사인 K는 의뢰인에게 돈만 받으면 민사소송은 패소가 주류이고, 형사사건은 한 두번 재판정에 나간 것으로 만족하면 된다. 그러니까 의뢰인들이 그 변호사 보고 오는 것이 아니다. 봉급 없

는 사무장을 적게는 3명, 많게는 5명을 두어 건당 수임료
의 20~30%를 수고료로 줌으로써 사무장들이 죽기 아니면
살기로 경찰서 등에 쫓아 다니며 사건을 물어오는 것이다.
그리고 법원 주변의 다방은 그런 사람들 때문에 장사가
된다.

　변호사는 사건 수임을 받으면 성실하게 변론을 해 주어
야 하는데 사무장이 만들어준 서면을 읽는 정도이니 한번
생각해보자. '썩어도 준치'라고 그 K변호사는 변호사로서
자존심은 있어 주사무장 밑에 부장이라는 직함으로 J라는
사람을 고용했다. 그리고는 실컷 심부름을 시키는데 어떤
잘못이 있으면 불러다가 따귀 때리고 인격적 모욕을 주는
등 폭행을 하기도 했다.

　K변호사는 세금포탈하는 방법으로 법무법인을 만들어
교묘하게 세금을 축소시킨다. 수임비는 보통 천만 원을 받
는데 일이 되든 말든 사건 가지고 온 사람에게 사례비를
줄려니 그렇게 고액의 수임비를 받을 수밖에 없다. 결국
피해자는 의뢰인이다. 그 변호사는 어느 날 고등학교 동창
생에게 건설회사 매매계약서를 작성해주고 2천만 원을 달
라고 했으나 3백만 원만 준다고 멱살 잡고 사무실에서 있
는 욕, 없는 욕 다하면서 땅바닥에 뒹굴고 침 뱉고 싸움질
했다. 그런 사람이 과연 인격을 가진 변호사라 할 수 있을
까? 더군다나 아침에 출근하면 사건을 연구하고 재판준비
를 해야 함에도 그것은 뒷전이고, 돈을 벌어야 한다면서
컴퓨터로 주식을 사고 팔고 하는 그런 정신 나간 짓거리

를 하는데 과연 그런 것이 정당할지…… 그러다가 그것을 만류한 사무장을 해고하고, 그 사무장의 비리를 추적한답시고 의뢰인이 식사하라고 준 돈 몇 푼을 사건청탁으로 날조, 변호사법 위반으로 고소하여 처벌받게 하는 그런 사람이 변호사라 할 수 있을른지……?

미국의 어느 신문사에서 독자들에게 변호사와 창녀의 차이는 무엇이냐고 물었단다. 그러자 법정소설로 미국 최고의 베스트셀러 작가가 된 '존 그리섬'이 말하기를 '창녀는 죽은 사람은 상대하지 않지만, 변호사는 죽은 사람도 가리지 않는다' 라고 대답했다고 한다. 미국에서 변호사는 별로 좋은 직업이 못되나 보다.

도스토예프스키는 "변호사들이 공짜로 돈을 버는 것은 아니다. 자신의 양심과 신념, 도덕성과 인간성을 팔고 거짓말을 쏟아놓는 댓가를 받는 것이다."라고 했다. 세익스피어는 헨리6세에서 "우리가 맨 먼저 할 일은 모든 변호사를 죽이는 일"이라고 했다. 이렇게까지 나가고 보니 인용하기조차 거북할 정도다.

우리나라에서는 한 때 사법고시에 합격만 하면 모든 것이 보장되던 시절이 있었다. 열쇠 3개를 지참금으로 들고 오는 처녀를 골라서 결혼했다. 그런데 90년대 이후 사시합격자가 급증하면서 상황이 달라졌다. 92년도에는 2,450명이던 변호사 수가 2003년 초에는 5,000명 선을 넘어섰다. 2004년도 1월에는 사법연수원생이 무려 966명, 이 중 400명 가량이 아직 일자리를 찾지 못했다고 한다. 2003년, 몇 월이었는지 기억이 나지는 않지만 연수원생이 강도를 했다는 신문보도도 있었다. 이 또한 아이러니한 일이었다.

우리나라 변호사도 앞으로는 미국과 같이 사건을 맡으려고 병원 구급차 꽁무니를 쫓아 다녀야 할 날도 멀지 않은 것 같다. 그리고 '변호사 백수'를 볼 날이 멀지 않은 것 같다. 이제 변호사는 좀 더 분발하고 공부하며, 변호사 윤리장전대로 아름답게 살기 바란다. 부디 '꽃마음' 처럼 가슴이 따뜻한 변호사가 되었으면 하는 소망이다.

어느 수형인의 고백告白

1.

위기일수록 웃음꽃 필 날을 기다리며 지혜롭게 살아야 한다는 것을 알면서도 실행에 옮기지 못한데 대하여 가슴이 아프다.

희로애락이 엇갈렸던 지난 세월이 후회와 함께 되돌아보아진다. 한 때는 소낙비 온 후 태양을 그리며 차라리 죽었으면 하고 절규하기도 했었다. 전생에 죄가 많아서 가슴 아픈 운명을 타고 났나 싶어 깊은 한숨의 날을 보내기도 했다.

한 치 앞도 모르면서…….

황혼의 나이에 자신을 돌아보니 남에게 친절을 베풀지 못하고 너그럽지 못했던 날들이 후회로 얼룩져 있다.

늦은 나이에 흐뭇해하는 친구들을 보면 '늦팔자가 좋아야 한다'는 말에 수긍이 간다. 내세울 것도 없으면서 겸손하게 살지 못한 것이 정말 부끄럽다.

가족들에게 아픔을 이야기도 못한 채 '신경성 위장염'이라는 속병이 생겨 식사도 걸러야 할 형편이다. 이로 인해 불안하고 괴로운 것은 나인데 가족들에게 고통을 주게 되어 한없이 마음이 저리고 아프다.

인과응보라는 생각이 나를 숙연하게 한다. '공은 닦은 데로 가고, 죄는 지은 데로 간다'고 했던가. 긴 세월 살아오면서 남을 위하여 사랑으로 정성을 다했는지 다시한번 지난 날을 반추한다. 세월이 가면 인생도 변하는 것이려니, 불안 속에 전전긍긍하면서도 남은 여생이나마 덕을 쌓고 정도를 지키며 살자고 다짐한다.

힘에 겨운 인생의 무게로 넘어지려 할 때 바로 회개하고 사랑을 베풀며 살아가겠다는 마음이 나의 가슴을 뜨겁게 한다.

병원에서 치료를 마치고 뚜벅뚜벅 거리를 걷는데 그룹 〈해바라기〉의 노래가 들려왔다. '모두가 사랑이에요. 사랑하는 사람도 많구요. 사랑해주는 사람도 많았어요……' 부드러운 노랫소리에 가슴이 찡하게 울려 눈시울이 뜨거워진다. '자유란 이렇게 좋은 것인데……' 독백하며 그리스도께 나의 허물을 용서해달라고 빈다. 그리고 참사람이 되겠다고 굳게굳게 다짐한다.

훌쩍 지나버린 세월. 까마득하게 여겨지는 꿈 같던 어린 시절에서 아득히 올라 와 되돌릴 수 없는 시간의 끝에 서 있는 느낌이다. 이제 버틸 수 있는 시간이 얼마나 남아 있는지……. 불가항력의 시간 앞에 나를 맡길 수밖에 없다.

너무 서둘러 나의 삶에 막을 내리게 하지 마시고, 바르게 일어설 수 있도록 용서를 해주신다면 남은 시간 값지고 보람 있게 살 것을 그리스도께 약속 드린다.

오늘처럼 한평생을 되돌아 볼 수 있게 될 줄 진작 알았더라면 아마도 죄를 짓지 않고 좋은 일을 하며 사랑과 봉사로 살았을 것이다. 그리했더라면 지금 쯤 미소 지을 수 있을 것을……. 두 번 다시 살 수 없는 인생이기에 아쉬움에 목이 메이고…….

지금에 와서 변명한들 무슨 소용이며, 나의 합리화가 되겠는가? 그러나 고백하고 회개하여 용서를 받고 싶다.

임종을 앞둔 어느 사람이 마지막 후회 세 가지를 말했는데, 그 중 첫째가 좀 더 베풀지 못한 것이 후회이고, 두 번째는 좀 더 즐기지 못한 것을 후회하며, 세 번째는 좀 더 참지 못한 것을 후회한다 했다니, 그것이 어찌 그 사람만의 후회이겠는가. 나도 마음속 깊이 되새겨 볼 만한 말이다.

또한 그동안 내가 배워서 알고 있는 것을 제대로 실천하지 못했으니 배웠다는 것이 무의미하며, 안다는 것 역시 이 사회를 위해서 아무런 도움이 되지 못했음에 너무 부끄럽다.

비록 알곡은 되지 못할지언정 쭉정이만은 면하고 싶은
데……. 때늦은 후회로 마음 아파하는 어리석은 나를 우리
가족들은 용서해 주기 바란다.

아니, 우리 가족들은 믿음과 사랑으로 이해해 주리라 확
신한다. 늘 행운이 가득한 가정이 되길 간절히 빈다.

2.

이 죄인은 이제 긴 인생의 황혼에 이르렀다. 그동안 아
름답지 못하게 뒤틀린 삶의 뒤안길에서 하루 하루를 산다
는 것이 힘들어 뼛속이 시렸다.

죄인은 어쩌다가 이 지경에 이르렀는지…… 죄의 굴레
에 묶이어 순진한 자식들의 얼굴을 똑바로 보기가 민망스
럽다. 그저 후회와 반성을 하며 아름답게 죽겠다고 굳게굳
게 다짐한다.

오늘따라 소낙비는 청승맞게 내리며 그 죄인의 마음을
우울하게 한다. 바로 윗 동서가 세상을 떠났다는 비보를
받았다. 산다는 것이 별것 아닌데……. 자조하며 언제 갈
지 모를 인생, 가족들에게 잘해주어야겠다고 마음속으로
다짐한다.

자유를 박탈당하고 격리 수용되어 가족들과 생이별을
해야 하는 사람들은 실형을 받고 몇 번이고 '이렇게 구차
하게 사는 것이 사람인가?' 라는 회의를 갖게 된다. 투명
한 유리벽을 사이에 두고 가족들과 그리움을 나누는 모습
을 볼 때에는 못 견디도록 마음이 아팠다.

그 죄인은 선 채로 돌이 되었으면 하지만 모진 것이 목숨이라 그리 되지 않았다. 게다가 불행하게도 사건마저 추가되어 아예 자신을 포기하고 죄 값을 받을 각오를 했었다. 가족들이 발벗고 나섰지만 변호사를 잘못 선임하여 많은 돈만 선임료로 날리고 별로 효과를 보지 못하여 사건이 더욱 불리하게 되었다. 죄인은 본형을 종료하고 추가사건으로 재판을 받던 중, 재판장의 선처로 귀향하게 되었다. 그 덕택으로 가족 품에 안기게 되었으나 지금에 이르기까지 재판은 계속되고 가족들은 자나 깨나 근심으로 깊은 시름에 빠져 있다. 그렇게 가족들이 걱정할 때마다 잘될 거라고 거짓말을 하며 결심 선고를 맞았다. 불안한 마음으로 선고일을 맞은 그 죄인은 법원 주변을 서성이다 끝내 불출석하게 되었다.

죄인은 귀향한 지 6개월만에 다시 구치소에 간다면 평온한 가정이 파탄으로 치달을 것이 뻔한 일이라며, 유서라도 쓴 사람처럼 체념하고 그 죄값을 받고 밝은 세상을 살아가기로 마음을 먹었다.

그 죄인은 요즈음 교회에 나가 죄를 회개하고 진정 선한 사람으로 살아가겠다며 몸부림으로 기도하며 감사로 살아가고 있다.

사람의 욕심은 끝없이 자유를 갈구한다. 개인의 욕심으로 용서를 빈다는 것이 어찌 보면 사람으로서 도리가 아닌 줄 알지만 한번만 용서를 해준다면 값진 여생을 살며 이웃에 봉사하며 평생 빚진 자의 심정으로 살리라. 그러니 한 영혼을 불쌍히 여기시어 기회를 준다면 은혜를 준 자들에게 진실로 잘못을 깊이 뉘우치고 더불어 사는 삶을 살겠다고 다짐한다.

죄인은 모든 것을 접고 이웃에 봉사하며 사회에 보탬이 되고자 한다. 그러나 신은 끝까지 용서를 하지 않고 크리스마스이브 날 아침 새벽 긴급구속을 당했다. 그 죄인은 8개월이라는 긴 시간 동안 그리스도께 회개의 눈물로 빌었다. 그리고 이제 아름다운 자유를 만나 귀향한 후 섬김의 마음으로 최선의 길을 걷고 있다.

불가마 방에서의 불륜

공허한 마음은 무분별한 불륜으로 이어진다.

미국의 성 연구가 '수잔 사피로 브래시'는 간통을 저지르는 미국의 가정주부 90%가 죄의식을 못 느낀다고 밝혔다.

불륜은 당사자에게는 새로운 사랑이며 쾌락이지만 배우자에게는 배신, 분노, 질투 그 자체다. 결혼이나 불륜은 애정과 의사소통, 그리고 상호 신뢰에 관한 부부 당사자들의 문제인 것이다.

어느 교회 집사의 미모를 겸비한 며느리는 집에서 한가한 틈을 이용하여 채팅으로 연하의 총각과 마음이 맞았다. 그녀는 시어머니와 남편에게는 천주교에서 봉사하러 외출한다고 속이고 처음 본 그 총각과 불륜에 빠져 급기야 외박이 거듭되었다. 또 신용카드의 초과사용으로 결국 그 일이 들통이 나자 자식 남매를 두고 가출하였다. 그리고 나서 이혼을 요구했으나 남편은 용서해줄 것이니 자식을 봐서 이혼만은 피하자고 간청했다. 그러나 끝내 남편과는 도저히 살 수 없다고 우겨 이혼을 하고 말았다. 그 후 여자는 채팅에서 만난 그 남자와 사랑이 식어져 헤어졌다. 그리고는 남편에게 용서를 구하였다. 그러자 남편은 자식들을 생각하여 받아주었다. 그런데 여자는 결국 젊은 그 남자 생각으로 도저히 살 수 없다고 재가출을 했다.

자경문에 '재색財色의 화는 독사보다 심하다' 고 했던가. '아리랑 절도' 로 구속된 42세의 피의자는 불가마 찜질방에 갔다가 29세의 가정부인을 사귀어 죽기 아니면 살기식의 애정행각을 벌였다. 급기야 그 여자와 절도 공모까지 했다가 덜미가 되어 구속이 되었다. 13년 연하의 여인과 불륜이 되어 뜨거운 정념의 불꽃을 피우다니, 어찌 도덕적으로 상상이나 하겠는가?

어느 소설이고 불륜은 대부분 주인공의 자살로 끝나거나 살인으로 번진다. 불륜은 도덕주의자들이 침 튀겨 말하는 것처럼 갑자기 생겨난 것이 아니다. 아담과 이브 때부터 있었고, 그리스나 로마시대에도 숱하게 등장했다. 신화에서 바람 혹은 불륜의 원조는 역시 비너스였다. 남성 신으로 제우스가 있다면 여신으로는 단연 비너스였다. 미국 대통령이었던 클린턴과 불륜이 있었던 모니카 르윈스키는

6년 전의 그 일이 지금 자신의 인생을 찾아가는데 큰 부담이 되고 있다고 고백했다. 그리고 시간을 되돌릴 수 있다면 진실되게 살고 싶다고 하면서, 젊음은 너무 짧고 인생은 무척 길다고 했다.

불교의 사십이장경四十二章經에 '사람들이 재물과 색을 버리지 못하는 것은 마치 칼날에 묻은 꿀을 탐하는 것과 같다. 한번 입에 댈 것도 못되는데 그것을 핥다가 혀를 상한다.' 라는 믿음의 거울이 있다. 또 경전에서 '모든 욕망 가운데서 성욕보다 더한 것은 없다. 성욕은 그 크기의 한계가 없다' 고 했다.

프랑스의 작가 '에밀 졸라' 는 《나나》라는 소설을 써서 세계적인 작가가 되었다. 그 내용인즉 아름다운 창녀인 나나의 사랑을 얻기 위해 백작, 은행가, 군인 형제가 쾌락의 포로가 되어 가산을 탕진하고 파멸하는 내용이다. 결국 나나 자신도 천연두에 걸려 죽어간다. 이렇듯 불륜이란 비극의 종말이기 마련이다.

웃지 못할 일화 한 토막.
70세 된 점잖은 노신사는 창녀를 찾아 쾌락에 빠졌다. 그래서 손녀딸 같은 그 창녀의 고객이 되었다. 어느 날 젊은 청년이 그 창녀를 찾았다. 그 청년은 앞서의 노신사의 아들이었다. 그렇게 해서 우연히 부자父子가 그 창녀방에서 마주치는 어처구니없는 일이 벌어졌다. 이 때 그 부자의 시선은 어떻게 되었을까……?

쾌락의 종말에 대하여 성서인 갈라디아서 5:16~24에는 '내가 이르노니 너희는 쫓아 행하라, 그리하면 육체의 욕심을 이루지 아니 하리라' 라고 기록되어 있다.

'데미지' 라는 영화는 국회의원과 그 비서의 불륜을 그리고 있다. 그 국회의원과 아들, 그리고 그 여비서는 삼각관계에 있었다. 그런데 그 아들과 여비서가 결혼하기 직전, 그 국회의원이 자기 비서와 오피스텔에서 불륜관계를 갖는다. 그 장면을 목격한 아들이 난간에서 추락, 사망하여 파탄에 이르고 국회의원은 가출한다. 얼마나 불행한 일인가?

한국은 불륜을 권하는 사회인가? 날로 불륜에 대한 불감증이 확산되고 있다. 어떤 직장인은 나이트클럽에 가는 것은 굳이 불륜이라고 말할 수는 없지만 마음 한편에서는 괜찮은 여자를 만났으면 하는 생각으로 왔다라고 아주 자연스럽게 말했다. 드러내지는 않지만 그곳에 오는 주부들도 다들 같은 생각이라고 한다. 한번 오면 종업원들이 알아서 만남을 연결해주고 마음이 맞고 대화가 통화면 흔히 말하는 2차를 가는 것이 보통이란다.

인터넷에는 불륜모임이 속속 등장하고, 포털사이트인 다음에는 '금지된 사랑', '유부남, 유부녀 모임' 등으로 불륜을 조장하고 있다. 채팅 사이트 스카이러브에서는 지금 만나서 즐길 분, 함께 사귈 사람 등의 적나라한 제목 수십

개가 대화방 목록에 버젓이 올라와 있다.

서울대학교 사회학과 임현진 교수는 '사회가 어려워지면서 비정상적인 방법으로 대리 만족을 쫓는 사람들이 늘고 있다'고 지적했다.

학교주변, 주택 주변까지, 그리고 수많은 여관이나 모텔 등과 공영방송의 불륜 드라마 등이 우리들을 빗나가게 하고 죄의식을 무디게 한다. 한순간의 불륜이나 탈선 때문에 고통을 받거나 후회하는 그들의 모습은 어떤 면에서 애처롭기까지 하다.

을씨년스런 가을바람과 함께 차가운 빗방울이 추적추적 흩뿌리는 어느 오후, 인터넷에서 만난 남자를 만나기 위해 남편도 자식도 뒤로하고 총총히 걸어가는 30대 중반의 뒷모습이 불쌍하고 처량하게 보였다. 보라색을 즐겨 입는 그 여자는 왠지 평소 암울해 보였고, 그 보라색은 환상을 쫓는 불나비를 연상시켰다.

그 여인은 소녀시절에 갖지 못했던 플라토닉Platonic 사랑을 기대했을까? 그래서 여자는 꿈을 먹고산다고 한다. 어느 통계에 따르면 불륜도 초스피드 시대여서 만난 지 하루만에 성관계를 갖는 것이 32%, 1개월 이내에 갖는 것이 74%라고 한다.

인터넷 채팅이 불륜의 온상이다. 성은 물과 같아서 잘만 관리하면 참으로 귀하고 없어서는 안되는 중요한 것이다.

그러나 요즈음에 들어서 성경의 '간음하지 말라'는 계율은 무너져 홍수가 되고 말았다. 원조교제가 할아버지와 손녀 같은 사이에서 자행되고, 스승과 제자, 아버지와 딸 같은 처지, 심지어 성직자들까지도 문란한 처신을 하는 등 이루 말할 수가 없다.

'프롬'은 "이제 성이 소비의 주된 대상 가운데 범죄에 이르렀다"고 했다. 이 사람들이 노래와 여자를 너무 좋아하면 허겁병虛怯病 : 마음이 실하지 못하여 겁이 아주 많은 병에 걸린다고 했다. 불륜이란 말 그대로 사람으로서 지켜야 할 도리에서 벗어나 있다는 뜻이다. 그러나 몸이 아무리 짜릿하더라고 마음이 편하지 못하면 헛일이다.

경세통언警世通言에 '색과 재물을 탐하지 않으면 평생 재산이나 피해를 당하지 않는다.不貪花酒不貪財 부탐화주불탐재, 一世無災害 일세무재해'라는 지적을 보더라도 탐색해서는 안 된다는 것이다. 젊은 베르테르의 슬픔에도 '남자란 끝없이 밖으로 나가려는 충동을 가진 존재'라는 표현이 나오는 것을 보면 과히 틀린 말은 아닌 것 같다.

당나라 현종은 정비正妃가 죽은 후 쓸쓸한 나날을 보내다가 어느날 아름다운 여자를 발견하고 그녀에게 흠뻑 빠지고 만다. 그 여자는 바로 며느리였는데 당시 현종은 56세, 며느리는 22세였다. 그는 결국 며느리를 후취로 맞아들이는데 이로 인해 당나라는 쇠망의 길로 가게 되었다. 이것을 경국지색傾國之色이라고 한다.

결혼생활에는 불화나 욕구불만족 등이 발생하게 마련이

고 진정한 사랑은 결혼제도 밖에서 찾으려 하는 모순에 빠진다. 특히 여성은 육아, 가사, 가부장적인 남편으로부터 벗어나고자 한다.

미국 사회학자 아넷로슨과 독일 사회학자 울리히백 부부는 보통사람들이 사랑과 결혼에 대해 지나친 가치를 부여하는 로맨틱 신화를 가지려 한다고 지적했다. 사람들이 불륜을 저지르는 이유는 결혼의 환상에 대한 실망과 뒤늦게 발견한 자아 정체성 때문이다. 그래서 불륜 행위를 로맨틱한 결혼생활을 하지 못한데 대한 감정적 보상으로 느낀다. 억압당한 성의 분출구로 불륜을 통해서 성적인 만족감을 추구한다. 반면 배우자를 기만했다는 죄책감과 발각의 두려움 등 불안한 감정도 갖고 있는 것이다.

미국에서는 가정주부의 60%가 최소 한번 이상의 불륜을 저지를 것이라고 한다.

우리나라에서도 부부생활이 원만한 남녀까지도 불륜에 강한 욕망을 가지고 있다는 조사결과가 발표된 적이 있다. 불륜자에게 불륜은 당사자에게 새로운 사랑이며, 쾌락이지만 그 배우자에게는 배신, 분노, 질투, 절망 그 자체다. 이런 불륜은 부부에게 신뢰의 문제가 있고 서로의 책임도 있다. 그러나 그 불륜을 무조건적으로 비난하거나 그저 호기심만으로 비하할 일만은 아닌가 싶다. 그와 같은 이중적 비양심적인 것을 사적 문제만으로 치부하지 말고 한번쯤 모두가 곰곰이 고민해볼 문제다.

신문지상에 부부 '스와핑'으로 적발된 수가 전국적으로

6,000쌍 정도 된다는 경찰 통계를 본 일이 있다. 그들은 대부분 고학력자로서 20~50대의 외형적으로는 아무 문제 없는 부부들이었다고 한다.

신약 성경(로마서 13:13절)에 '낮에처럼 단정하게 걷고, 흥청거리낌이나 술취함이나 불륜의 관계나 방종이나 분쟁이나 질투를 하지 말라' 고 지적하셨다.

실패한 사랑으로 까만 숯덩이 가슴이 되어 탐스럽게 봉오리진 젖무덤을 잘근잘근 깨무는 쾌락의 육정이 결국 죽음에 이르고 마는 불륜이 된다. 그러나 사람들은 그 속에서 벗어나지 못한다.

어느 노신사는 30대의 이혼녀와 육정에 빠져 그것도 사랑이라고 온갖 가슴 아픔을 견디며 따뜻한 정을 주었단다. 그러나 그 여인은 오로지 돈을 빼내는데에만 몸을 불살랐다. 그러자 노신사는 한계를 느끼고 헤어짐의 아픔을 감수하며 울기도 했다고 고백했다. 부질없는 불륜의 끝은 허무였더란다.

'사랑은 짧고 돈은 영원한 것이다' 라는 말이 있다. 프랑스 영화《경멸》에서 남자가 여자에게 물었다. 왜 나를 더 이상 사랑하지 않느냐고. 그 때 여자는 '그것이 인생이다.' 라고 대답했다.

프랑스의 장뤽고다르 감독이 그려낸 경멸의 여주인공 카미유는 지적이냐, 천박하냐에 상관없이 오로지 자신의 감정에 충실한 여성이었다. 돈 앞에 무릎을 꿇은 나약한 남편 앞에서 카미유는 한순간의 감정에 인생을 내맡기고 그같은 감정에 따라 사랑도 힘을 잃는다. 그리고 지식인이라는 회색빛깔 남편에게 경멸을 느낀 나머지 돈과 권력이라는 단순명료함을 선택한다. 제작자의 차에 몸을 싣고 남편에게서 떠나가던 카미유는 자동차 사고로 처참하게 죽는다. 매혹적인 육체도 결국 생과 죽음, 그리고 사랑과 경멸이 우울하게 교차하는 불행의 운명에서 벗어나지 못했다.

TV나 길거리에서 남자가 섹시한 여자를 보고 군침을 흘리던 시대는 지났다. 어느 엽기적인 젊은 여인은 TV를 보다 잘 빠진 미국의 어느 배우가 나오자 이탈리아말로 '페르페토 코르포' 라고 탄성을 올린다. 숭고한 육체라는 뜻이라나? 요즈음은 이렇다. 여성의 바람은 '망상의 쾌락' 에서 시작하므로 남자가 제공하는 것 이상의 성적인 쾌락을 추구하게 돼 바람이 난다.

'남자 3명이 있어야 여자의 욕망을 감당할 수 있다' 고 한다. 그러하니 여성의 상상력이 섹스 쪽으로 몰리지 않도록 하는 것이 중요하다.

'탐하지 않으면 죽지 않고, 도를 잃으면 스스로 죽는다' 는 법구경이 있다.

옛날 농촌에서 논깨나 경작하고 머슴도 제법 둔 부잣집 주인이 주막에 있는 여인들을 돈으로 사들여 육체를 탐닉하다가 얼마 살지 못하고 추하게 죽어가는 것을 본 적이 있다.

사랑은 고귀하다는 H. 발자크는 말했다. '여러 여자를 탐닉하는 남자들이 흔하지만 단지 한 사람의 여성 속에서 여성 전체를 이상화하고 그 여성 속에 우주를 요약하는 남자도 있다.' 라고. 깊게 음미해볼 만한 말이다.

또한 인도의 속담에 인생의 세 가지 즐거움으로, '고기를 먹는 것' '고기를 타는 것' '고기에 고기를 넣는 것' 이라는 말이 있다. 고기에 고기를 넣는 문제는 동서고금을 막론하고 중요한 화두인 것이다. 인간의 욕망은 무한한 것이다. 이것을 결혼한 남녀에게 대비시켜 보면 고기를 넣고 싶은 욕망은 많은데 대상은 마누라 한 사람뿐이다. 바로 그 문제가 불륜 혹은 간통이라는 곁눈질 로맨스로 이어진다. 명절 때 귀성길이나 출근시에 자동차가 막힐 때 얼마나 답답한가? 그때 갓길을 이용하여 운행한다면 얼마나 시원하겠는가. 그것을 생각해보면 불륜에 대하여 이해가 됨직하다.

철부지 초등학생이 어머니에게 배우자가 무슨 뜻인지 질문하자 남의 배 위에 올라가 자는 것을 배우자라고 한다고 설명했다는 우스개가 있다. 임마뉴엘 칸트는 결혼에 대해 '반대 성을 가진 두 사람 사이에서 성기의 상호 사용에 대한 계약' 이라는 정의를 내렸다. 성기의 상호 사용에 대한 계약 위반은 간통이다. 비판의 대상이 될지 징벌의 대상이 될지 그 판단은 독자들 몫이다.

불륜, 몰래한 사랑, 그 바람은 단 하루라도 여자로서 대접받고 싶은 충동에서 오는 것이고 그것이 인생의 활력이라고 주장하는 사람도 있다. 인간의 건조한 가족제도에 대해서 '바람'이라는 일탈을 통해 숨막힘을 탈출하는 것이 불륜의 의미라는 것인가?

우리나라의 불륜 여자로 추정되는 약 100만 명의 여인들이 간통죄가 자유에 반하는 법이라고 주장한다나……?

불륜도 초스피드 시대!

인터넷 채팅이 불륜의 원흉이라니 이성으로 극복하지 않으면 안된다.

끝으로 이수익 님의 시 '그리운 목마'를 읽으면서 마무리 한다.

숨겨둔 정부 하나
있으면 좋겠다.
몰래 나 혼자 찾아드는
외진 골목길 끝
그 집
불밝은 창문
그리고 우리 둘 사이
숨막히는 암호 하나 가졌으면 좋겠다

- 중략

118

숨겨둔 정부 하나
있으면 좋겠다
머언 기다림이 하루 종일 전류처럼 흘러
끝없이 나를 충전시키는 여자
그 악마 같은 여자.

약속約束의 중보中保

사람들은 늘 쉽게 말하고 쉽게 약속을 하면서 살고 있다. 미국의 한 언론이 20세기를 통틀어 가장 위대한 사람을 뽑았다. 그 결과 1위는 몽골 제국의 창건자인 칭기즈칸(재위 1206~1227)이었다. 칭기즈칸이 군사들과 지킨 상호 신뢰가 그 선정 이유였다. 칭기즈칸은 규칙을 정하면 자신이 먼저 끝까지 지켜 솔선수범하였고, 병사들에게도 규칙을 지키는 것에 따른 보상과 벌칙을 철저히 했던 것으로 유명하다.

그 일화 중의 하나가 '눈물의 약속'이다.

그는 몽골 초원을 통일할 당시 야간 근무 중 졸지 말라는 규칙을 정했다. 그런데 어느 날 한 병사가 울면서 다가와 자기가 보초를 서면서 잠깐 졸았다고 고백했다. 물론 그 병사가 졸았던 그 시간에는 아무런 사고도 없었고, 감독자에게 적발도 당한 사실이 없었다. 때문에 자기가 졸았던 사실을 고백하지 안 했다면 아무런 일 없이 지나갔을 것이었다. 그런데 그 병사가 눈물로 고백하자 칭기즈칸 역시 함께 눈물을 흘렸다. 그리고 칭기즈칸은 조용히 "약속은 약속이다. 아무런 일이 없었다고 하여 용서를 하고, 사고가 발생하였다고 하여 책임을 묻는 것은 원칙을 무시하는 것이다. 근무 중 졸지 않는 것이 규칙인 만큼 그대는 군법을 어겼으므로 내 약속대로 시행할 것이니 그리 알라."고 했다. 이어서 "그대의 솔직함만은 높이 사서 그대의 가족은 평생 부족함이 없이 돌보리라." 하고 약속한 후 고개를 돌려 소리높이 외쳤다. "저 병사의 목을 쳐라!" 상호 신뢰의 원칙을 지키려는 냉정함이 다른 병사들의 등을 오싹하게 하는 일화다.

칭기즈칸은 그 병사에게 약속한 대로 그 가족을 책임지는 인간적인 면모가 엿보이긴 하지만 사람과 사람 사이에 상호신뢰를 구축한다는 것이 얼마나 어려운 결단을 요구하는지 극명하게 보여주는 한 사례다.

어느 중소기업을 경영하는 사람이 자기 사업에 필요하여 한 사람을 고용했다. 그리고 월급 얼마에 자동차를 제공하고, 판공비를 지불하기로 구두 약정했다. 그 후 고용된 자는 약속을 지키기 위해 불철주야 동분서주하였다. 그러나 사장은 약속을 차일피일 어겨 2개월 동안 월급을 생각나면 몇 푼 주는 식으로 신용이 없자 고용된 사람은 괘씸하게 생각하여 마지막 계약체결을 고의로 미루었다. 그러자 고용주는 약속을 불이행한다고 언쟁을 벌였다. 이렇듯 두 사람은 약속을 어긴 각자의 행동에 대해서는 생각 못하고 상대를 비판하는 핑계거리로만 삼았다.

사전적 의미의 약속은 어떤 일에 대하여 어떻게 하기로 미리 정해놓고 서로 어기지 않을 것을 다짐하는 것으로, 약속은 일방이 아닌 서로의 이행이다.

성경에서 약속이란 의미의 히브리어는 그 수가 매우 많다. 그 가운데서 가장 많이 사용하는 말은 '히 : 말하다', '디바르 : 말, 일, 물건' 등이다. 하나님의 약속은 자기 백성들에게 주시고자 하는 하나님의 축복의 말씀으로 표현되었다. 성령을 주시겠다는 약속(행2:33 참조, 눅 11:33) 또한 신약인 로마서(4:13)에 '아브라함이나 그 후손에게 세상의 후사後嗣가 되리라고 하신 언약은 율법으로 말미암은 것이요, 오직 믿음의 의로 말미암은 것이니라', 라고 적었다. 그리고 히브리서(8:6절)에 그러나 이제 그가 더 아름다운 직분을 얻으셨으니, 이는 더 좋은 약속으로 세우신 더 좋은 언약의 중보中保라고 하셨다.

법률상 계약이란 서로 대립하는 의견을 합의하는 법률행위를 말한다. 이는 채권의 발생을 목적으로 한다. 그러나 언약이나 약속은 구속력이 없는 자유로운 의사표시인 것으로, 법률의 계약보다 더욱 무겁고 도덕적 책임이 뒤따른다고 볼 수 있다. 그러함에도 사람들은 약속을 가볍게 여긴다. 특히 남녀 청춘들은 사랑의 약속을 헌신짝 버리듯 하는 것이 지금의 현실이다. 결혼식 역시 가볍게 생각한 나머지 이혼이 밥 먹듯 이루어지고 있다.

거리의 교통표시판 역시 운전자들의 약속이다. 이를 지키지 않게 되면 교통사고가 발생하여 생명을 잃을 수도 있다.

인간사회에서 약속이 아닌 것은 아무것도 없다. 그런데 그 약속이 잘 지켜지지 않을 때 법률적 해석이 필요하고, 이 때문에 마음에 상처를 받고 상처를 주어 고통이 된다.

하찮은 약속이라도 지켜질 때 밝은 사회와 미래가 있으며 살맛나는 세상이 될 것이다.

신약 디도서 1:2절을 보면 경건한 정성은 거짓말 하실 수 없는 하나님께서 오래 전에 약속하신 영원한 생명의 희망에 근거한 것이라고 기록되어 있다.

구치소에서 군림하는 청소부

서울구치소에는 미결수未決囚와 기결수既決囚가 함께 수용
되어 있다. 미결수란 형사피의자나 피고인으로서 재판 계
류 중에 있는 사람들을 말한다. 그리고 기결수란 재판에서
판결이 확정되어 형의 집행을 받고 있는 수형인이다. 이렇
게 약 4천여 명이라는 많은 사람이 대기상태에 있는 곳이
서울구치소다.

그런데 구치소 내규에 따라 기결수로서 소지掃地(일본어
そじ)라고 하는 청소부들을 차출하여 각 사동舍棟에 2명씩
배치 (1명은 행정소지, 1명은 노력봉사)한다. 그들은 교도관의 보
조로 수용인들의 구매 물품 공급과 물, 식사 등 편의를 제
공하면서 그 대가로 1일 55원의 수당과 징역 1년에 2개월
감면이라는 혜택을 받는다. 그 외 구치소 각과 및 의무과

등에 다수 배치되어 있다. 위와 같은 혜택을 받고 있음에
도 특히 신입사동新入舍棟. 구속 후 각 경찰서에서 10여 일 있다가
검찰에 송치 구치소에 오는 자 소지들의 횡포는 말로 형언키 어
려울 정도다. 물론 그 중에는 좋은 사람이 더 많기는 하지
만······.

　신입사동에 입방된 자들은 약 90%가 출생 후 처음 온
자들로써 마음도 정신도 냉동되어 있기에 소지들의 언행
을 두려워 한다. 그런데 그 소지들은 불친절을 넘어 상대
의 나이에 관계없이 반말로 말하기 일쑤다. 그들은 대부분
절도 아니면 폭력행위 처벌에 관한 법률위반자요, 사기죄
로 들어온 자들이며, 간혹 전과자들도 섞여 있다.

　그런데 그 좁은 방에 갇혀 아무 것도 모르는 초범자들
은 편의 제공을 전제로 한 청소부들의 횡포에 시달려야
한다. 그들은 수형인들의 면회객으로부터 들어오는 물품
이나 구매물품의 일정 양을 떼어주어야 순순히 말을 들어
준다. 또 살을 여미는 겨울에 뼛속까지 스미는 차가운 물
로 세수하고, 세탁하고, 머리를 감아야 하는데 더운 물의
편의를 제공받기 위해서는 소지들이 원하는대로 해야 한
다. 그러려면 자식 같은 애들에게 고개를 숙여야하는 것이
다. 소지들은 식수를 주고 남긴 더운 물로 목욕을 하는 등
자유롭게 사용한다. 사동방이 12개 정도 있는데 소위 경제
방이라는 방에 수용되어 있는 사람들은 소지들에게 얼마
씩의 물품을 주고 그 대가로 모든 편의를 제공 받는 등
공존공생한다. 구속이 제일의 아픔이라면 그 제2의 고통은

청소부들의 마음을 맞추는 일이다.

구치소에 익숙하지 못한 것은 당연한데 그것을 탓하고 무슨 일이 있으면 교도관(사동담당을 법무담당이라고 부른다)은 소지 편에서 역성을 들어 미결수들에게 아픔을 준다. 심지어 어떤 교도관은 수감인 점검시 청소부들에게 차렷 구령을 하게 하는데, 그 교도관은 한번쯤 생각해 보아야 할 것이다.

청소부와 수용인의 관계를 '콩과 땅과의 공생', 'Inter-being', '악어와 악어새'와 같은 관계로 이해하면 될 것이다.

또한 청소부들끼리도 교도관의 힘의 논리에 의해 다른 사동으로 쫓겨나는 서글픈 일도 있다. 그리고 청소부가 잠시 공석이 되면 법무담당의 마음대로 수감인, 즉 미결수를 차출하여 대신하게 하는데 그런 사람을 일본어로 가래(彼 : かれ)라고 한다. 이런 일들을 보노라면 법무행정이 21세기에 걸맞지 않다는 생각이 든다. 또 교도관들이 피의자나 피고인들의 실력에 못미처 통제하려다가 오히려 그 사람들에게 망신을 당하는 일도 있으니 앞으로 교도관의 질을 높이는 것이 필요하다.

인도에서는 청소부를 마하트라Mahatr라고 부른다. 이는 산스크리트어로, 마하트Mahat는 위대한 사람을 가리키는 최고 높임말이다. 이 청소부의 도움이 없다면 이 지구는 도시, 시골, 가정 모두가 쓰레기더미로 변해버릴 것이다.

청소부가 깨끗한 마음으로 청소를 하는 동안은 가장 거

룩한 마음일 것이다. 그러할진대 구치소 각 사동의 소지들은 죄를 짓고도 적을지언정 노임을 받는다. 추운 겨울 더운 물 한 바가지 주는 조건으로 청소부가 수감인 위에 군림한다면 이는 결코 용서할 수 없다. 더더욱 그런 것을 감독해야 할 자가 그들을 묵인하고 있으니…… 구치소의 사방舍房은 적음(寂音 : 적막하고 고요한 가운데 울리는 소리. 산다는 것이 곧 죄이며 그 죄의 용서를 위해 산다)이다. 그와 같이 출소를 기다리다가 지쳐있는 수감인들에게 청소부들은 파란 수의복을 입고 복도와 통로를 유유작작 활보하는 것이 마치 벼슬인 양 수감인을 괴롭히고 있다면 상상이나 할 수 있을까?

그리고 출력수란 무엇인가? 행형법상 명시한대로 기결수, 미결수들에게 육체적 노동을 하도록 한다. 그런데 기결수들에게는 각자의 기술을 살려 일을 하게 하고 그 대가로 저렴한 보수를 지불하며, 소정의 가석방 또는 자유의 혜택을 준다. 또 기관을 위해 일하는 자와 미결수들에게는 제한된 자유를 주면서 가사동에서 봉사하도록 시키는데 이들을 출력수라고 한다. 출력수의 종별로 분류하면 각 사동의 청소부, 재리(이발소 : 직원 이발, 수감인 이발)와 취사장 근무자 등으로 대별할 수 있다.

그럼 확정수는 누구인가? 1,2,3 각심의 재판이 종결되어 교도소 이감 직전에 있는 법무부 교정국에서 4급수로 확정된 자들로써 몇 개월 동안 대기 분류된 자들을 말한다.

또 하나, 교정당국인 구치소, 교도소에서 사동을 담당하는 교도관들의 자질과 도덕성이 문제가 되고 있다. 교도관들은 종교에 관계없이 믿음과 사명감 있는 직원들로 하여금 사동을 담당하게 하여 잠시 영어(囹圄)되어 있다 출소하더라도 무엇인가 깨닫고 나가게 해주는 것이 절실하게 필요하다. 또한, 청소부들을 선별할 때에도 최소한 고졸 이상자들로서 다소 경제력도 있고, 가족들이 면회도 종종 오는 자를 선택하는 것이 좋을 것이다. 그렇게 함으로써 재범도 막고, 수용인들에게 손을 내미는 행위도 예방하여 처음 구치소에 온 사람들의 마음에 이중으로 상처를 주지 않아야 한다. 아울러 수용인들도 청소부들에게 친형제나 아들과 같은 따뜻한 애정으로 대하며 사랑을 나누어야 하리라.

구치소拘置所 미결사동未決舍棟 봉사원奉事員

위세등등하던 겨울은 어디론가 숨어버리고 봄이 오고 있다. 이것이 자연의 섭리이듯 우리의 인생에도 슬픔과 고난이 끝나길 기도한다.

봄은 왠지 무언가 희망을 전해 줄 것처럼 우리를 부풀게 한다.

루스터 베르쿠스는 말했다. "인생에는 가끔 신비한 만남이 찾아와서 우리를 인정해주고, 우리가 어떤 사람이 될 수 있는가를 일깨워 준다. 그리하여 큰 가능성이 비로소 빛을 발하기 시작한다."고.

어느 저명인사가 지인으로부터 법원에 제출할 재판서류를 작성해주고 몇 푼의 돈을 받아 쓴 것이 변호사법 위반죄로 구속이 되어 서울구치소에 수감되었다. 그는 자정이 넘어 좁은 방에 입방되었다. 며칠 있다가 신입 수감자들을 계도하라는 지시를 받고 6명이 있는 신입 사동 방에서 기거하게 되었다. 강제로 자유를 빼앗긴 사람들이 구치소의 음침한 구석에서 만나는 것을 기계적 만남이라고 한다.

구치소에 수감된 사람들은 판사의 재판을 기다리는 사람들이다. 그들은 검사의 불기소 처분을 기대하면서 일시적으로 자유를 몰수당하고, 이름을 빼앗긴 채 철장 안에서 일정한 기간을 기다린다. 국가공권력의 핵심은 경찰과 검찰이고, 사법경찰이나 검사가 청구하는 영장令狀은 그 공권력의 상징이라 할 수 있다. 영장에는 군복무 의무를 이행해야할 장정들에게 나가는 소집영장이 있으며, 가택수색을 위해 발부되는 압수 수색영장도 있다. 그리고 가장 무서운 구속영장이 있다.

영장, 즉, 워런트Warrant는 14세기 독일에서 유래한 말로 알려져 있다. 고대 독일어 베르엔토Werento가 어원으로, 원래는 보호자란 의미로 쓴 것이다. 국가가 개인의 신체나 재산에 대한 체포, 구금, 압수, 수색을 하려면 반드시 법관이 발부한 영장에 따르도록 헌법은 규정하고 있다. 그만큼 개인의 기본권을 제한할 가능성이 큰 것이 영장이고, 따라서 남발해서는 안되는 것이 영장이다.

검사나 사법 경찰관이 판사에게 구속영장을 신청할 때는 피의자가 죄를 범했다고 의심할 만한 상당한 이유가 있고, 일정한 주거가 없거나 증거인멸의 우려가 있고, 도주우려가 있어야 한다고 형사소송법 제70조에 적시되어 있다. 그러나 30%를 오르내리는 높은 영장기각률은 규정과 현실의 차이를 극명하게 보여주고 있다 할 것이다.

논어 위정 편에 '도지이정제지이형민면이무치道之以政齊之以刑民免而無恥'라는 말이 있다. 법제와 명령으로 백성을 이끌고 형벌로서 나라를 다스린다면 백성들은 형벌만 면하면 된다고 생각하기 때문에 부끄러움을 모르게 된다는 말이다. 공자는 덕으로 이끌고 예로서 다스린다면 백성들이 부끄러움을 알고 지금보다는 훨씬 범죄 발생률이 적어질 거라고 했다.

서울구치소에는 약 4~5천명의 범법자들이 구속영장에 의거 수감되어 대기상태에 있다. 그 수많은 재감자들은 천층만층이라, 그들의 재주 또한 많아 수형인 3명이 모이면 비행기도 만들 수 있을 정도라니 놀라지 않을 수 없다.

우리 속담에 '닭이 천이면 봉이 한 마리'라는 말이 있다. 사람이 여럿 모이면 반드시 뛰어난 사람도 있다는 말이다. 열악한 환경에서도 자기를 뒤돌아보고 흐트러짐 없이 고고히 질서를 잘 지키는 수감자들도 드물기는 하지만 분명히 있다.

자유는 신이 인간에게 베풀어 준 최대의 선물이다. 그런데 갑자기 구속영장이라는 단어로 잡아매 자유를 잃어버리고 가족과 단절되어 그 좁디좁은 방에서 할 일 없이 있으니 무료하리라. 그런 와중에서도 고고한 인격자가 있다. 절망을 감내하는 태도에서 우리는 그 사람의 그릇을 본다. 그런 수감인들에게 '봉사원'을 보내 함께 기거하며 먹을 것과 이불, 입을 옷도 사주게 한다. 물론 그 봉사원은 육체적으로 다소 편한 대접을 받게 된다.

자원봉사의 어원 Voluteers은 라틴어Voluntors에서 기원이 되었다. 즉, 그리스도인의 자유 의지로서 실천하는 자선 활동을 말한다. 그런데 수감인 중에는 피해자들에게 용서를 빌고 참회를 해야 함에도 불구하고 오히려 잘못이 없는데 사직당국에서 구속했다는 어처구니 없는 자가당착으로 일관하면서 시간만 흘러가면 모든 문제가 저절로 해결된다고 믿는 사람이 있다. 고사성어에 곡돌사신曲突徙薪: 굴뚝을 굽히고 옮김. 미리미리 대비함이란 말이 있다. 그러나 수감인들 태반은 그런 준비성이 없다. 그들에게는 고통스러운 것이 있다. 그것은 처음 만난 사람들이 출소할 때까지 한방에서 몸을 부비고, 먹고, 자야하니, 자연 성격적 차이가 드러나 언쟁이 있기 마련이고, 횟수가 거듭되면 싸움박질이나 폭행이 일어나기 다반사다.

부처님의 애별이고愛別離苦라고 하면 생로병사, 싫어하는 사람과 만나는 것, 귀한 것을 얻지 못하는 것, 사랑하는 이와 헤어지는 것을 말하는데, 좁은 방에서 보기 싫은 사람과 함께 있자니 얼마나 고통스럽겠는가. 그런 것을 잘 파악하여 싸우지 못하게 하고 말썽 많은 사람을 다른 방으로 보내도록 법무담당에게 정보를 제공하는 것이 봉사원의 업무다. 그런데 봉사원이 그런 보고를 교도관에게 해도 조치를 취하지 않는 경우가 많다고 한다. 그렇다면 굳이 봉사원을 둘 필요가 있겠는가?

신입방에는 6명 정도가 10일에서 20일 동안 대기하게 된다. 그런데 신입이 어떤 때는 전과가 많은 사람이 들어오기도 하고, 전과가 전혀 없는 사람이 들어오는 경우도 있다. 전과가 많은 신입은 늘 문제를 유발하여 주의를 주면 반항하고 방안을 혼란스럽게 한다고 한다. 수용인 대다수는 메카니즘Mechanism에서 벗어나지 못하고, 게으르며 이기적이란다.

수감자들 사이에서는 재미있는 우스개가 회자된다. 즉 재판 법관들이 아침에 집에서 자기 마누라에게 대접받고 출근하면 피고인들의 형량이 적고, 처에게 바가지 긁히고 나오면 높아진다는 우스개다. 언뜻 그럴싸하지만 그것은 한낱 우스개에 지나지 않는다. 수감인들은 하루 종일 좁은 방에서 먹고 자고 하니 답답한 나머지 그럴 듯한 상상을 계속 하게 된다. 그들은 하루는 길어도 1년은 빠르다고 자위하면서 건전한 생각 없이 살고 있다.

평생 만나 본 일도 없고, 스친 일도 없는 사람들이 구치소 사방에서 어쩔 수없이 만나게 된다.

만남은 매듭이다. 그래서 수용인들은 그 매듭을 풀면서 미운정 고운정이 든다. 우연히 만났지만 '시간은 우정을 강하게 하고 사랑은 약하게 만든다' 는 라브퀴예르의 말이다. 어느 전과자는 밝은 세상으로 나왔을 때 비로소 그것을 느꼈다고 했다.

레이몬드오트의 소설에 나눔이란 '고통 속에서도 마음을 위로해 주는 샘 같다.' 는 구절이 있다. 또 인정이란 설령 보답을 원하는 것이 아닐지라도 언젠가는 반드시 보답 받게 되어 있다는 말도 나온다.

우리는 꼭 어떤 보답을 받게 되지 못하더라도 언제나 남을 돕고 따뜻하게 대하는 인품을 가져야 한다. 구치소가 사회의 연장이라고 말하듯 사회에서 충실한 자는 구치소 생활에서도 근면하고 타인과의 생활에서 별 무리가 없다. 아무리 구치소 신입방에서 만났지만 인연이란 알 수 없는 것이어서 무심코 행한 잘못이 평생의 한이 되기도 하고, 그 고마움에 평생 감로수가 되기도 한다.

구치소방에서 재감자들끼리 어떤 때는 피를 나눈 친형 제보다 더 정이 깊고 끈끈함으로 서로 사랑을 주는 것을 시너지Synergy : 집단이나 개인이 서로 적응하여 통합하여가는 과정과 또는 그 과정에서 나타나는 힘 효과라고 한다.

세월은 속절없이 흘러 마음은 바빠지는데 구치소에 처 음 들어온 수용인은 좁은 사방에서 낯선 사람과 살을 비 비면서 지내자니 상상할 수 없는 고통일 수도 있다. 밤이 되면 각 수형인들은 반쪽으로 쪼개진 통나무처럼 다른 사 람과 몸을 겹친 채 칼잠을 자야한다.

인간을 아픔과 고난에서 사랑하는 존재라고 한다면 그 것은 과장된 말이 아니다. 누구를 탓하고 살기보다는 어느 종교의 표어같이 모두가 내 탓으로 돌리며 겸손하게 낮아 지면서 최선을 다하는 삶이 아름다울 것이다.

정의는 강물처럼 도도히 흐르고……

　사람들은 곧잘 어떤 현상을 판단할 때 아전인수격이 되는 우愚를 범한다. 자기가 좋으면 옳다고 하고, 싫으면 도살장으로 끌려간다고 한다. 그리고 자기가 자기 부인 아닌 다른 사람과 사랑하면 로맨스요, 남이 하면 불륜이다, 돈 몇 천 원 훔친 사람이 재범, 누범이라 하여 징역 8월 내지 1년의 형을 받고, 몇 십억, 몇 천억 원을 꿀꺽! 한 자들은 전관예우 변호사를 몇 천만 원에 고용하여 최저의 징역형을 받는다. 그리고 설혹 형을 받는다 해도 구치소, 교도소에서 호화롭게 살고 있는 현실을 보면서 비애를 느낄 때가 많다.

　또한 초범으로 구속된 자들은 1,2심 재판을 끌다가 대부분 집행유예로 풀려나는 것이 우리나라의 재판제도이다.

판사들은 수사를 잘했든, 잘못했든, 피고인들이 억울함을 호소하여도 오직 검사들의 수사기록만 보고 형량을 선고하는 현실이다. 검사, 판사들은 실체적 진실을 밝혀주어야 하며 편견을 가지고 재판을 하면 안된다.

영국의 철학자 베이컨Bancon은 우리로 하여금 자연을 사실대로 올바르게 인식 못하도록 방해하는 요인을 'Idola'라고 하였다. 그것은 교조적인 선입관, 혹은 전통적 권위로 말미암아 굳어진 맹신적 관념의 우상, 그리고 편견에 대한 흥미 있는 사례다.

언제부터인지 이기주의가 팽배하다보니 자신에게 편리한 논리가 남에게도 편리하리라는 법이 없음에도 이를 고집한다. 마찬가지로 수사도 자기가 진행한 수사가 틀림없다는 아집을 고수하려고 한다면 이 또한 위험한 논리가 될 수 있음에 주의해야 한다.

어느 피고인이 1심에서 1년의 형을 받고 항소, 충분한 서증과 그 서증에 서명하고 날인한 여자 경리를 증인으로 내세웠다. 그러나 검사는 증인의 말과 서증을 인정하지 않았다. 그 여자 경리는 분명 피고인이 잘못이 없음을 증언하였고, 판사는 증인의 진술이 사실임을 확인한 후 위증하면 벌 받는 것까지 재확인을 하였다. 그렇게 충분히 입증을 했음에도 끝내 기각시켜 1년의 형을 살았다는 사실을 알고 법에 무지한 사람도 대단히 의아하게 생각했다.

검사 또는 경찰관들은 한 사람을 구속시킬 때에는 그 사람의 입장에서 과연 그 죄가 구속까지 몰고가야 하는지

심도 있게 검토해야 한다. 그럼에도 형사소송법상 요건에 맞지 않는 것도 무리하게 구속한다. 설혹 요건에 해당된다 해도 조금만 배려해주면 재생할 수 있음에도 누범이라는 이유로 구속해버려 다시 소생할 기회를 박탈시킴으로써 한 가족이 완전하게 분해되는 경우를 종종 본다. 그럴 때 판사라도 왜 피고인이 그런 잘못을 해야만 했고, 재생할 수 있는 가능성은 있는지, 깊게 심리하면 좋으련만 검사의 기소를 그대로 믿어 징역을 살게 함으로써 피고인의 가정이 분해되어 소망이 없어지는 경우를 보았다. 역지사지라는 말대로 법관들은 사건을 면밀하게 검토, 재판하는지……? 또한 법학자들은 피고인이 그저 죄인이고, 전과자라는 이유로 검사, 판사들의 판결을 당연시 하고 있다.

　때늦은 감은 있지만 얼마 전 재경 형사사건 판사들이 안양교도소를 방문, 수형인들로부터 판사와 재판에 바라는 것이 무엇인지 청취하는 것을 신문에서 본 일이 있다. 그때 어떤 수형인은 피고인이 법정에서 진술을 들어주지 않았고, 돈 많이 주고 변호사를 선임하면 징역을 적게 받고…… 등등의 내용을 이야기했다. 그 기사를 읽고 그것은 지엽적인 것이고 전체적으로 재판부의 선고가 너무 안이하다는 것을 지적하지 않을 수 없다. 아무리 죄를 짓고 구속되어 자유를 박탈당했지만 심도 깊게 재판을 해야 할 것이다. 또 아무리 피고인이라고 해도 인격이 있고, 가족이 있음에 유의하였으면 한다.

전동차電動車에서 만난 노신사 이야기

지하철 전동차가 희로애락을 보듬고 사는 사람들의 마음을 싣고 달리기 시작했다. 콩나물시루 같은 전동차 안에서 머리가 희끗희끗한 노신사老神士는 잠시 사색에 잠긴다.

어렵고 암울한 시대에 만고풍상을 겪은 그는 회사 중역인데도 출퇴근시 전동차를 애용한다.

그런데 그 안에서 청춘남녀들이 얼굴 뜨겁게 육체를 밀착하고 포옹하는 것을 볼 때마다 시선을 어디에 둘지 몰라 얼굴이 빨개지고 당황할 때가 한두 번이 아니었다.

프랑스의 소설가인 스탕달Stendhal의 '연애론'을 말하지 않더라도 서양과 동양의 문화의 차이는 분명 있다.

서양은 동적動的이고, 동양은 정적靜的이다. 그러나 IT산업이 발전하면서 우리의 사랑 표현방법도 급속도로 변하고 있다.

괴테는 "연애라는 것은 남성과 여성 사이에 작용하는 신비롭고 운명적인 친화력親和力이다."고 했다.

우리나라의 이혼율이 전 세계에서 2위라고 한다. H경제신문의 자료에 의하면 100쌍 중 47쌍이 이혼을 한다고 하며, 우리나라 전체 부부의 3분의 1이 이혼한다니, 청춘의 사랑이 너무도 무모하다.

물론 분별없는 청춘들의 사랑 중에도 진실된 사랑이 있다. 그리고 지성인답게 장밋빛 사랑으로 발전하는 사랑도 있다.

각 도별로 부부의 이혼율을 본다면 인천, 제주, 경기도 순으로 되어 있는데 그 원인을 잘 모르겠다.

사랑이 얼마나 애절하기에 전동차 안에서 낯 뜨겁게 부등켜 안고 부끄러움을 모르는지 도대체 이해가 되질 않는다.

셰익스피어는 "나의 여인의 눈은 태양과 같고, 그녀의 입술은 산호보다 더 붉다. 그럼에도 연애는 우정과 다르다. 연애는 단순한 육체적 결합이 아니며 남녀 서로 마음과 마음의 순수한 결합이다."라고 했다.

스탕달은 사랑의 종류를 '정열적인 사랑, 취미적인 사랑, 육체적인 사랑'으로 말했는데 그렇다면 전동차電動車 안에서 껴안는 사랑은 어떤 사랑에 해당될까?

사랑은 그리움이요, 떨림이 있는 아름다움이다. 그러하니 그저 보여지는 사랑보다 심오한 사랑이 되어야 하고,

늘 경건하게 사랑을 실천할 때 진실된 행복이 온다는 것을 알아야 한다. 이팔청춘Vernal들은 저돌적인 접촉을 좋아할지 모르지만 사랑은 관심과 배려와 헌신이 있어야 한다.

요즈음 모 TV 방송국의 수, 목 드라마의 '천국의 계단'에서 플라토닉 사랑이 전개되고 있다. 정신적으로 자기를 잃어버렸다가 되찾은 여인과 남자가 새록새록 추억을 더듬으면서 싱그러운 사랑을 속삭인다. 마음 저리는 아픔에서 부활하는 그 사랑이 소중하고 아름답다.

오스트리아의 학자 에밀리 루카는 《사랑의 세 계단》에서 '고대에는 남녀의 사랑을 본능의 만족으로만 알다가 그리스도 사상의 영향을 받아 여성을 신으로 숭배하던 시대를 거쳐 오늘날에는 여자를 하나의 사람으로 인정한 참된 남녀간의 사랑이 성립되었다'고 했다.

어느 신문의 "여자는 떨리는 촛불, 보듬어 타오르게 하라."라는 제목의 글에서 "아니라고 생각했어. 그런데 이제는 그 여자라는 느낌이 강하게 들어."라는 대목이 나온다. 그 느낌이란 무엇일까? 어떤 춘화에 성희性戱 중에 잠이 든 여성의 그림이 있다. 사랑하는 남녀에게는 항상 존경하고 떨리는 마음으로 상대를 대해야 한다. 시도 때도 없이 다수인들이 운집한 곳이나 전동차 안에서 나누는 스킨십이 진정한 애정은 아닐 것이다. 물론 어깨에 가볍게 손을 올려놓는 정도는 누가 보아도 결례가 아니며, 여자에게도 신뢰감을 줄 것이다. 여자도 함부로 남자에게 온몸을 내

맡긴다면 교양과 정조관념이 없는 사람으로 눈총을 받는
다.
　우리는 지성인답게 잉꼬Parakeet : 사랑새 같은 아름다운
마음의 사랑을 나누면서 그 사랑이 싱그러운 열매를 맺도
록 노력해야 하겠다.

세월을 아껴라

　고난 속에 지나가는 세월을 안타까워하지 말고 그 가운데서 그 무엇인가 생의 보람을 찾는 것이 진정한 삶의 태도다.

　사람들은 일상을 아무 생각 없이 보내다가 무슨 일이 터지면 그때에야 비로소 내면의 자신을 점검한다. 그러나 그때는 이미 시기를 놓친 후일 것이다.

　요즘 대부분의 사람들이 자동차를 가지고 있는데 점검을 미리 해두면 단거리든 장거리든 운행에 대해서 별로 염려할 필요가 없다. 그런데 평소 점검에 무심하다가 갑작스런 사고로 당황하는 경우를 종종 본다.

　누구에게나 불행은 예고 없이 찾아 올 수 있다. 그러기에 좋은 날, 건강했을 때 뒤돌아보고 준비를 해두어야 한다.

삶의 혼돈과 갈등으로부터 해방될 수 있다는 기대를 가지고 자신을 혹독하리만큼 다스리면서 소망을 찾아야 한다.

잘못되었을 때 될대로 되라는 막가파식으로 자신을 미워한다면 하등동물과 무엇이 다르겠는가? 우리는 고난 속에 있을 때 허송세월하지 말고 하늘의 뜻에 따라 미래를 설계해야 한다.

정중동情中動의 선가禪家에 이런 말이 있다. '강이 깊으면 물 흐르는 소리가 들리지 않고, 강물이 얕으면 물소리가 요란한 법이다.' 즉, 강물이 깊으면 많은 물이 유유히 흐르기 때문에 소리가 잘 들리지 않고, 강물이 얕으면 바위나 자갈에 물 부딪치는 소리가 쫄쫄 하고 들린다는 말이다.

죄를 짓고 구치소, 교도소에서 형을 살고 있는 사람들이 사회에서는 이름깨나 있고 유명했노라고 자랑하지만 사실은 제일 못난 사람들이다. 어차피 그들은 죄를 짓고 구속되어 구치소에 온 사람들이다.

그러함에도 자기들은 모두가 죄가 없고, 검사와 경찰이 잘못했다고 원망하고, 상대자를 저주하는 등 자기의 허물을 모르니 참으로 한심한 작태들이다. 그들은 대부분 사회에서도 인간관계가 안 좋고, 가정관계도 엉망이다. 때문에 그들은 먼저 자신이 살아온 길을 다시 뒤돌아보고, 반성하며 다시 태어나야 한다. 신약성경 에배소서 4:16절에 '세월을 아껴라. 때가 악하니라' 라고 했다.

19세기 독일 극작가 프리트릭 헤벨은 "한 번의 거짓말로 모든 진실을 다 잃어버리게 된다."고 했다.

죄와의 관계성에서 신학자 칼메닝거는 '인간의 마음속에 있는 죄를 재발견하고 죄책감을 발견하는 것이 현대 의학이고 현대 심리학'이라고 했다. 그것을 해결하는 방법으로 예수님께서 나의 죄를 사하셨다고 하는 것을 믿음으로 받아들이는 것이다. 뿐만 아니라 '예수님과의 바른 관계를 맺어 죄의 지배에서 벗어나 죄의 문제를 해결하라'고 역설한다.

구치소, 교도소 등에 있는 분들은 진정한 자아를 찾음에 자신 아닌 외부의 것에 의지하지 말고 오직 믿음으로 앙망하고 기도하면서 찾아야 한다.

고사성어에 곡돌사신曲突徙薪 : 굴뚝을 굽히고 장작을 옮긴다는 뜻으로 미리미리 대비하라는 뜻이라는 말과 박호신 작가의 "나를 자주 점검하고 변화를 두려워하지 말라"는 말을 늘 되새겨보며 살아야 한다. 티벳트 속담에 '인생에서 아홉 번 실패했다면 아홉 번 노력한 것'라는 말도 있다. 길을 가다 보면 소도 보고 말도 보게 된다. 고난의 늪에서 빠져 허우적거리는 이는 자살의 충동도 받는다지만 홍수환 권투 선수 같이 7전 8기의 신화를 이룬 사람도 있지 않은가!

여기에서 내가 아는 어느 여목사의 이야기를 하고자 한다. 그녀는 충청도 산골에서 태어나 고등학교를 졸업한 후, 마틴 루터 킹 목사의 "나는 오늘 꿈을 갖고 있다

I have a dream today"라는 말을 가슴에 간직하고 무작정 서울로 올라왔다. 그녀는 음악에 소질이 있어 낮에는 일을 하고 저녁에는 학원을 다녔다. 그래서 작곡가로부터 곡을 받아 가수가 되었다. 그녀는 자기가 정말 세상에서 최고인 양 화려하게 살았으나 인기가 떨어지면서 고난에 봉착, 술에 빠지고 자살직전까지 갔다. 그러다가 후배 가수의 제의를 받고 하나님을 만나 교회에서 봉사하던 중 신학교에 진학하라는 그리스도의 음성을 듣고 그 말씀대로 따랐다. 그 결과 지금은 성남의 개척교회에서 말씀을 전하며 사람답게 살고 있다.

간디는 일주일의 시작인 월요일을 침묵의 날로 정하고, 이날은 아무하고도 얘기를 하지 않고 혼자 조용히 생각하며 진지하게 사색했다. 21세기, 살기 힘든 요즈음 간디의 사색과 같이 한 주간이 시작되는 월요일, 우리도 사념과 사색으로 냉정하게 자신을 점검해보자.

인생을 살아가다 보면 힘들고 곤고한 때가 한두 번이 아닐 것이다. 이러한 곤고한 상황에서는 절망, 좌절하기보다는 종교에 귀의하여 신념으로 살면 반드시 영광의 날이 온다.

우리들은 환란 가운데 어떤 모습으로 그리스도께 가까이 갈 수 있는지, 자기를 점검하고 뒤돌아보며 반성하는 시간을 갖어야 한다. 그리고 자신에게 허물과 죄악이 있다면 회개하고 더욱 간절한 기도를 올려야 한다. 그렇게 하여 지친 삶을 회복하고, 닫힌 마음을 열어 깨끗하게 살아가야 한다.

사람들은 재정적으로 어려움이 있으면 빨리 이득을 얻으려고 하다가 오히려 망가지기도 한다. 그래서 영원히 회복불능이 되거나 죄를 짓고 형무소에 가는 경우가 있다.

중국 속담에 '욕속칙불달'欲速則不達 : 빨리 가려고하면 오히려 목적지에 도달 하지 못한다는 말이 있다. 즉, 서둘지 말라는 훈시일 것이다.

수형인들은 감옥에서 자급자족을 어쩔 수 없이 배워야 한다. 사람은 환경의 영향을 받게 되고, 궁하면 변하게 되며, 변하면 통할 수 있다.

궁칙변 변칙통窮則變 變則通 : 궁하면 통한다이라, 수형인들은 그 어둡고 좁은 구치소, 교도소에서 자유를 잃고 자신을 반추하며 잘못된 과거를 반성해야 한다. 이름을 차압당하고 수형번호로 자신을 대신하는 어느 날, 자신을 돌아보면 자신이 진지하지 못한 삶을 살았음을 깨달을 것이다. 그저 명예, 권세, 재산의 노예가 되어서 그 허상만 쫓는 것이 인생이다. 사람들은 자신을 잃어버릴 때 질서와 마음의 평화, 윤리와 도덕마저도 잃어버린다.

요즈음 현대인들은 어지간한 자극에는 서정도, 아픔도, 감정도 없으니 눈물이 있는 낭만이야 있을손가?

성현들은 이렇게 이르신다. 캄캄한 밤중에 낭떠러지 다리를 건너는데 앞에서 횃불을 잡고 가는 사람이 싫다 해서 그 불빛을 받지 않겠다고 떨어져 죽는 어리석음을 범하지 말라고. 죄를 짓고 형무소에 온 사람 중에는 배반으로 구속되어 그 배신감에 밤잠을 설치는 사람도 많다.

화교들은 신뢰와 우정을 위해 목숨을 내건다. 그들은 만에 하나라도 배반을 당하면 그저 "메이파츠"!(몰법자沒法子 : 할 수 없지)라고 한 마디 내뱉고는 어깨를 움찔할 뿐이다. 그들은 배반당하는 것을 스스로 수치라고 여긴다.

사람들은 평소 좋은 일, 좋은 날이 계속되면 잘못되는 경우에 대한 경계심이 없어진다. 그러다가 일이 잘못 되면 패가망신하고 그때서야 후회와 반성을 하지만 그때는 이미 늦다.

미국 코넬대학교 실험실에서 비이커 속 물의 온도가 1초에 화씨 0.0017도씩 데워지도록 장치를 하고 그 속에 개구리 한 마리를 넣어 두었다. 그런데 물의 온도가 서서히 높아지기 때문에 개구리는 온도의 변화를 모르고 있었다. 만일 그 온도가 높아지고 있음을 눈치챘다면 당장 비이커에서 뛰어올라 안전한 곳으로 탈출했을 것이다. 그러나 개구리는 마음 놓고 앉아 있다가 두 시간 반이 지나자 뜨거워진 물에 푹 삶아져 죽고 말았다.

그렇다. 인생도 평소 자기 자신에 대하여 늘 좋은 일만 있을 것이라고 생각하고 불행에 대한 대비를 하지 않고 있다가 급기야 개구리 같은 불행을 당한다.

"날이 이미 밝아서 만물이 다 기동하여 사방이 시끄러우나 어떤 사람은 날이 밝은 줄도 모르고 깊이 잠자고 있다." 원불교 대종경전망품7장에 나오는 말이다. 우리는 늘 점검하고 깨어 있어야 한다.

사람들은 하루를 별로 중요하게 생각하지 않지만 하루는 한 달의 골목이며, 한 달이 열이면 1년이 지나간다. 쇼펜하우어는 하루를 작은 일생으로 비유했다. 아침에 잠에서 깨어 일어나는 것이 탄생이며, 저녁 잠자리에 누울 때를 인생의 황혼기에 비유했다.

석양빛을 받은 주름진 수형인들에게 외로움이 깔린다. 누구에게나 공평하게 분배된 하루의 시간을 수감인들은 쓸모없이 구치소, 교도소에서 무심하게 흘러 보내야 한다.

너무나 빠르게 지나가고 있는 하루를 우리들은 그냥 세월이라는 묶음으로 치부하고 밀어 놓는다.

이제 곧 끝나게 될 하루가 어둠이 내리는 구치소, 교도소의 쇠창살에 비쳐 쓸쓸한 그림자로 드리워진다. 그 그림자 끝자락에는 잃어버린 하루가 있음에도 사람들은 그것을 깨닫지 못한다. 그러나 그 시간에는 철저한 정리 점검으로 하루를 멋있게 마무리해야 한다. 우리들은 이 세상에서 사는 동안 청정한 삶을 살아야 한다.

윌리암 제임스는 '우리 삶의 가장 위대한 발견은 인간이 자신의 태도를 변화시킴으로써 변화시킬 수 있다' 고 했다. 다시 말하면 바쁜 시간을 쪼개 자신을 뒤돌아 볼 수 있는 여유를 만들 수 있다면 우리는 틀림없이 오늘과는 사뭇 다른 내일을 만날 수 있다는 이야기다. 그렇다. 사는 것이 아무리 바쁘더라도 자신을 점검하며 향기 나는 삶을 살아야 한다.

자족하는 사람을 정의한다면 '언제나 미소가 있는 사람,

남을 존중하는 마음이 있는 사람, 감사할 줄 아는 사람’ 으
로 말하고 싶다.

　인생의 전반적인 평가는 그 사람이 어떻게 살아 왔느냐
에 달려 있다. 또 아직 성공하지 못한 사람에게 황혼기는
목표를 빨리 끝낼 수 있게끔 도와준다.

　자기를 돌아보는 마음으로 스스로를 늘 채근하자.

환자의 절규

춘삼월인데도 마음이 추워서인지 몸이 몹시 떨리는 어느 오후였다.

어느 노신사는 평생 부모님 덕으로 아쉬움 없이 살다가 보증을 잘못 서는 바람에 온 재산을 다 빼앗겼다. 그는 결국 나그네 되어 이곳저곳을 정처 없이 떠돌다가 겨우 한 곳에 안착했다. 그러나 신용불량자라는 딱지가 붙어 숨을 고르지 못하고 그저 그렇게 살고 있단다. 자신을 지탱할 수 없을 만큼 지쳐 있던 그는 그리스도의 부르심에 교회를 찾았다. 돈은 없었으나 가족간에는 화목했다. 그러나 여전히 숨어살다시피 했다.

그런데 뜻하지 않게 그 노신사의 내자가 갑상선에 이상이 있어 어느 대학병원을 찾았다. 접수창고에서 이곳저곳으로 가라는 지시에 따라 수속을 해야 했다. 그러나 수속 후 담당 전문의가 부재중이어서 진료할 예약날짜만 잡고 발길을 돌려 버스에 몸을 싣고 집으로 왔다.

자식들이 있다지만 각자의 일들이 있다 보니 오직 노신사 부부뿐이었다. 어떻게 보면 참 고독한 부부였고, 고독하다 못해 슬픔이 되어 마음이 시려왔다. 그때부터 그의 내자는 말수가 줄었다. 어린 손자도 할머니가 병원에 갔다 온 것을 알고 넌지시 "할머니! 병원에서 뭐라고 해요? 아무 이상없다지요?" 하면서 걱정이 되었는지 이것저것 물었다. 그동안 노신사는 다른 사람이 입원했다고 하면 별 생각 없이 병문안을 가곤 했었는데 막상 내자가 진찰을 받으러 병원에 간다니 긴장이 되었다. 그리고 우리가 벌써 몸에 이상이 생겼나하는 긴박한 생각에 마음을 지탱하기가 어려웠다.

병원에 가보면 왜 그리 아픈 사람이 많은지…… 현대의학이 고도로 발달해 있다고 해도 천국으로 간 사람이 많단다. 그런데 그중에는 인위적으로 죽는 사람도 적지 않다고 한다. 병원 휴게실과 복도에는 몸의 이곳저곳을 붕대로 감은 교통사고 환자들이 휠체어에 실려 다닌다. 그렇게 될 것을 알면서 사람들은 자동차를 왜그리 과속으로 운전하는지……?

다행히 노신사의 내자의 병은 그리 대단한 것이 아니었다. 그러나 몇 회에 걸쳐 의사의 검진이 있었다. 그때마다 피를 뽑아야 했는데, 그 기다리는 기간이 짧게는 15일, 길게는 20일씩이나 걸렸다. 그러느라고 지쳐 힘 없이 걷는 내자를 보니 노신사의 마음은 늘 무거웠다.

그런데 어느 날, 40대 남자가 간호사의 안내로 진료실 안으로 들어간 지 1분정도 되었을까? 그 남자가 고래고래 소리를 지르며 소란을 피웠다. 그의 말대로라면 그는 전에 몇 차례 검진을 받았고, 그때마다 의사의 지시로 음식까지 조절하며 피를 몇 번씩이나 뽑아 검사를 했는데 또다시 피를 뽑고 기다리라고 한다는 것이었다. 도대체 그동안 의사는 무엇을 했고, 다시 피를 뽑자고 하는 것은 무슨 까닭이며, 불안해서 어떻게 다음 검사 때까지 기다리냐는 것이 그의 항변이었다. 환자와 의사 사이에는 신뢰심이 절대적으로 필요하다. 한데 의사를 신뢰할 수 없으니 어떻게 하겠는가? 대기실에서 기다리던 환자들 역시 그 환자의 말에 공감이 가는 듯 '그렇지, 그렇지!' 하고 동감임을 표시하니 순간적으로 분위기가 무거워졌다. 도대체 히포크라테스의 정신은 어디에 가고, 그저 돈벌기에만 급급하여 계속 시간을 끌다가 다시 6개월 후에 오라는 의사의 처방을 어떻게 생각할지……

그리고 보면 불안을 먹고 사는 직업이 변호사 말고 또 의사가 있음에 또 한번 놀라지 않을 수 없다. 하기야 어떤 사람은 극소수의 '목회자 점쟁이'가 있다고도 한다지만…….

어떡하다가 사람들이 이익만 추구하는 사회가 되었는지, 아! 옛정이 그립구나.

인간人間의 양심良心

　사람은 누구나 인격자로서의 자존심을 가진다.

　노신사는 평생의 전문직 직업을 접고, 마지막 소망을 살려 작으나마 사업을 시작하였다. 그리고는 항상 CEO로서 넓은 마음으로 베풀며 하나님의 뜻에 합당하게 행동하고자 최선을 다했다.

　인간이 하나님으로부터 받은 최고의 선물은 양심이다.

　말이 좋아 CEO지 어쩔 수 없는 장사치이고 보면 한 푼이라도 이윤을 남기기 위해 모든 지략을 총동원해야 했다.

　구약성경인 출애굽기 23:8절에 "너는 뇌물을 받아서는 안된다. 뇌물은 눈 밝은 사람을 눈 멀게 하고, 의로운 사람의 말을 왜곡시킬 수 있기 때문이다."라고 지적하고 있다. 그 노신사는 평생 처음으로 장사를 시작했던 터였는데 정부기관에 납품을 계약하는 과정에서 중간 관계자의 부조리에 분개하여 납품계약을 포기하고 사무실을 내놓았다. 그리고 허탈감에 상심했고, 더불어 금전도 어지간히 손해를 보았다. 그러나 그리스도의 인도하심으로 또 다른 기관과 납품을 계약하게 되어 사세 확장에 노력하고 있다. 그렇게 해서 그 기관에 납품을 중계하는 조건으로 이행보증금을 받게 되었다. 법인 대 법인으로서 아무런 하자 없이 계약이 성립된 것이다.

《주홍 글씨The Scarlet Letter》는 미국이 낳은 세계적 작가인 나 다니엘 호돈의 명작이다. 이 소설의 주인공 헤스터 프린은 인기 있는 목사 딤즈테일과 간통을 한다.

그 당시 청교도 사회에서 간음죄는 최고 사형까지 할 수 있었다. 그렇지만 판사의 너그러운 용서로 그녀는 일생동안 가슴에다 '간음'을 상징하는 주홍색 글씨 A(Adutery)자를 달고 살아야 했다. 그러자 그 목사는 죄의식과 양심의 가책으로 건강을 잃었으며, 고통과 고뇌 끝에 그녀가 재판을 받았던 그 자리에서 자신의 죄를 고백하고 죽음의 길을 택했다. 하나님은 인간에게 선과 악을 구별하는 양심이라는 능력을 주신 것이다.

양심은 마음의 등불이며 인격이다. 국어사전을 보면 '양심'이란 '자기의 행위에 대하여 옳고 그름을 판단하고, 바른 말과 행동을 하려는 마음'이라고 설명하고 있다.

또한 모든 인간들의 내면에는 도덕적인 분별력으로서 양심이 존재한다고 기술하고 있다.(로마서 2:14-16)

그 노신사는 정치인만 양심이 없는 것으로 알았는데 경제인의 양심도 붕괴되고 있다는 것을 알게 되었다.

성경에 '선한 양심을 가지라'고 말씀하셨다.(벧 3:16) 선한 양심의 반대는 '더러운 양심'(딛 1:15), '완악한 양심'(고전 8:7)이다.

구약의 하박국 선지자는 "여호와여, 내가 부르짖어도 주께서 듣지 아니 하시니 어느 때까지리까? 내가 강포를 인하여 외쳐도 주께서 구원치 아니 하시나이다." 라고 하나님께 항변한다.

고난으로 힘들어 하는 그리스도인들을 향해 베드로 기자는 "선을 행함으로 고난 받은 것이 하나님의 뜻일진대 악을 행함으로 고난 받는 것보다 나으리라."(벧3:17)고 했다. 바꾸어 말하면 하나님은 '선을 행하는 자를 축복해 주신다'라는 이야기다.

영국의 인류학자 E. B 타일러는 그의 저서 《원시문화》 (1871)에서 문화란 지식, 신앙, 예술, 도덕, 법률, 관습 등 인간이 사회의 구성원으로서 획득한 능력 또는 습관의 총체라고 정의했다.

법을 떠나 '도행지이성道行之而成(올바른길)의 밝은 사회를 기대해본다.

빈곤을 극복하는 방법

구약의 하박국 선지자는 "여호와여! 내가 부르짖어도 주께서 듣지 아니하시니, 어느 때까지 입니까? 내가 강포를 인하여 외쳐도 주께서 구원치 아니 하시나이다."라고 하나님께 항변한다.

사람이 살다보면 왠지 일들이 풀리지 않고 사사건건 하는 일마다 실타래와 같이 얽힐 때가 있다. 그래서 도무지 살길이 없어 마지막으로 두드리는 곳이 교회다. 그런데 울며 몸부림쳐봐도 기도의 응답이 있기는커녕 도무지 풀리지 않아 하박국 선지자와 같이 하나님에게 항변한다.

기독교는 기복신앙이 아니다. 그러나 때를 얻든지 못 얻든지 울부짖어 기도를 하면 선지자 다니엘과 같은 성령의 은사를 받게 될 것이다.

세계적인 문호 도스토에프스키는 드미트리의 입을 빌려 인간의 마음이란 '악마와 신이 싸우고 있는 싸움터'라고 말하고 있다. 따라서 사랑을 베풀기 위해서는 신의 마음속 싸움에서 승리해야 하고, 선과 악의 투쟁은 결국 인간 내면에서 일어나는 힘의 대결이다.

안네 마리 피퍼는 《선과 악》에서 "선과 악은 순한 말과 난폭한 말이 끄는 쌍두마차다. 인간은 이 두 말을 다루는 마부다."라고 했다.

자유의 시간을 만끽하다가 한 사람이 구속되면 본인이야 말할 나위 없이 아픔과 고난에 휩싸여 푯대를 잃어버리지만, 그 가족은 무슨 죄가 있다고 고통을 안아야 하는가? 물론 가족이기에 그 멍에를 함께 짐으로써 그 고통이 반으로 줄어들겠지만 지옥과 같은 아픔이 있다.

그러나 죄를 지은 사람은 그런 고통은 언제나 있는 것인 양 자기 합리화合理化로 자기 모순에 빠지고 만다. 또한 그 수형인을 지키는 교도관도 연미지액燃眉之厄 : 눈썹에 불이 붙은 듯 아주 절박하게 닥친 재액을 비유하여 이르는 말 의 수형인들에 대해 연민의 정으로 함께 고통 받는 연습이 필요할 것이다.

조시마는 '지옥이란 다름 아닌 바로 사랑할 수 있는 능력을 상실한 데서 오는 괴로움' 이라고 정의하였다.

판사나 교도관은 배려하는 마음과 친절로 계도하고, 불필요한 고통을 주어서는 안될 것이다. 그렇다고 정의를 바로 세워야 하는 사람들이 무작정 연민의 정으로 감싸야 한다는 것은 결코 아니다.

수형인들은 쇠창살 속에서 고통을 감내해야 하지만 때가 되면 다시 밝은 태양을 볼 수 있다.

죄Sin라는 말의 그리스어 Hainaria 본래의 뜻은 '과녁에서 벗어나다', '규범에 위배된다' 는 것으로, 단순한 법률 또는 도덕에 대한 위반행위와는 구별된다.

그리고 벌Punishment은 사회조직체에서 권위를 부여받은 사람에 의하여 집행되는 것이므로 단순한 보복이나, 협박, 폭력 등과는 구별된다.

어떤 시인은 교도관들이 간오簡傲 : 칭찬에 인색하고 오만한 것 하다고 한다.

행려자, 병든 자(음성적) 등 많은 수형인들이 숱하게 입감, 출소한다. 사동舍棟의 사방舍房에서 석방, 또는 형의 확정시까지 몸과 마음을 부딪치며 사랑도 하고 눈물을 흘리다가 때가 되면 이별의 아픔을 가슴에 묻는다.

교도관들의 얼굴은 경직되어 있고 웃음이라곤 찾을 수 없지만 수감인들은 종교로 자기 성찰을 한다니 천만 다행이다.

공자는 거친 밥을 먹고 물 한 그릇을 마시며, 누추한 곳에 누워 있어도 즐거움은 그 안에 있다고 했다. 죄를 짓고 비록 영어되어 있지만 자성하고 자기를 뒤돌아 보아 회개한다면 거기에도 즐거움은 있을 것이다.

'인화좌여락人和坐輿樂, 불식견여고不識肩輿苦' 다산 정약용의 글로서 '가마 탄 즐거움은 알면서 가마를 멘 사람의 고통을 모른다'는 뜻이다. 교도관들은 이 말을 되새기며 수형인들을 이해해야 할 필요가 있다.

구약성경인 이사야 59장 1절에는 '여호와는 손이 짧아 구원치 못하심도 아니요, 귀가 둔하여 듣지 못하심도 아니라, 하나님과 너의 사이에 죄가 있다'라고 쓰여 있다. 죄로 인하여 망하고, 죄로 인해서 심판이 있고, 파괴도 있다. 그러나 하나님의 긍휼이 너희를 구원하신다고 하셨다. 나 자신이 죽어야 비로소 내 안에서부터 그리스도 삶이 시작된다.

또한 성 아우그스티누스는 참회록에서 이렇게 고백하고 있다. "하나님! 저는 죄인입니다. 생각하는 것, 말하는 것, 어느 것도 죄가 아닌 것이 없습니다. 그러나 은혜를 생각하면 하나님의 은혜가 아닌 것이 없습니다. 이것도 은혜요, 저것도 은혜입니다. 나를 생각하면 죄뿐이요, 하나님을 생각하면 오직 은혜뿐입니다."

사람들의 자유는 감옥 밖에 있지만 수형인들의 자유는 감옥 안에 갇혀 있다.

현자는 조용히 말한다. "얽혀 돌아가는 모든 것은 인연에 의한 현상이요, 콩을 심으면 콩이 나고, 팥을 심으면 팥이 난다."라고.

우리는 남에게 가슴 아픈 일을 해서는 안된다. 바람이 풍경을 울리는가, 아니면 풍경이 바람을 부르는가? 인간은 본능적으로 싸우기를 좋아하는 듯하다. 클라크는 "인간 60명을 한 단지 속에 넣고 먹이 주기를 중단해보라. 그들

은 잔인하게 서로 싸우고 죽이는 짓을 서슴지 않을 것이
다."라고 했다. 이 말을 조용히 음미하노라면 인간의 본능
을 이해하게 된다.

그러기에 우리들은 믿음 속에서 주를 앙망해야 한다. 중
국 속담, '화비삼가 부흘휴(和比三家 不屹虧 : 물건을 살 때 세 곳
이상의 상점을 다녀보고 비교해봐야 손해를 보지 않는다. 즉 우리는 항
상 깊이 생각하는 습관이 필요하다.) 라는 말을 가슴에 간직해야
한다.

창세기 37:18~36에서 "죄는 죄를 낳고……. 이기심과
성적인 범죄, 이기적 욕심 등을 잉태한즉 사망에 이른다"
고 했다.

우리는 진실한 회개 속에 죄를 미워하고 하나님을 경외
하는 마음으로 죄의 사슬을 끊어야 한다.

"작은 친절과 몇 마디 따뜻한 말이 지구를 행복하게 한
다." 라는 줄리아카르니의 말을 경청할 필요가 있다.

그리고 수형인들을 감시 감독하는 공무원들은 친절한
말 한 마디가 세 번의 겨울을 따뜻하게 한다는 일본 속담
을 되새겨 연민의 정으로 교화에 힘써야 한다.

잘못된 만남

어느 중소기업 회사에서 여사무원을 채용하기 위해 인터넷에 광고를 냈다. 그랬더니 32세의 한 아름다운 여성이 자기 소개서를 보내왔다.

"능력을 요하는 사회, 빠른 변화가 있는 시대에 살고 있는 지금이지만 결코 안일하게 살 순 없다는 생각을 늘 가지고 있는 강한 여성입니다. 집안의 종교가 기독교라서 그런지 항상 나보다는 남을 먼저 생각하며, 늘 사랑을 베풀면서 한 해 한 해 보냈던 것 같습니다. 새롭고 멋진 직장을 기대하는 것 이상으로 나의 능력을 그곳에서 발휘하는 그런 인격체가 되고 싶습니다."

회사에서는 기독교를 신봉하고 '나보다는 남을 생각하고 베풀며' 라는 구절에 후한 점수를 주었다. 그리고 도덕성이 상실되고 있는 지금의 세태에 회사에서 직원들과도 잘 화합하겠다 싶어 채용했다.

그러나 막상 입사한 여직원은 윗사람을 보아도 인사할 줄 모르고, 자기 자신도 건사할 줄 몰랐다. 그 후 3개월의 수습기간이 지났으나 처음 자기소개서대로 잘 하겠지 하는 기대는 깨어지고 시간이 흐를수록 향기 없는 인품만 드러냈다. 그래서 그 여직원과 면담을 했다. 그 결과, 어머니의 친정 식구들이 무속에 빠져 있고, 그 어머니 역시 결혼 후 신기神氣가 있어 아버지와 별거하면서 신학을 공부했더란다. 그리고 지금은 그 어머니가 강도사로서 목사로 임직받기 직전에 있다고 했다. 그 여직원 역시 믿음이 돈독하여 기독교에 심취, 청년 목사와 결혼할 예정이라고 했다. 그 여직원의 말을 듣고 다시 한번 더 신뢰하기로 했지만 시간이 지나면서 더욱 시정잡배 같은 무뢰함만 드러냈다.

그렇지만 그 회사 CEO는 잘하리라고 믿고 인내하며 지켜보았다. 그러나 시간이 지나면서 발전되는 모습을 발견하기 어려웠고, 황당한 것은 그 목사와 2년 동안 만나지 않기로 했다는 둥, 이해하지 못할 말들로 사생활까지 의아심을 갖게 했다.

더욱 안타까운 것은 사무실에서 사람이 있든없든 알아들을 수 없는 콧노래를 부르며 전혀 남을 배려하지 않았고, 여사원이라는 책임감 또한 결여되어 있었다.

이런 것을 위선(僞善 : 겉으로는 착한 체함, 또는 겉치레로 보이는 선행)이라고 말해도 무리가 아닐른지? CEO는 좋은 인연이 아니라 오히려 악연이 되고 있음에 마음이 아팠다.

CEO는 너무 경박하게 그 여직원을 잘 못 보았음을 후회하면서 "만물보다 거짓되고 심히 부패한 것은 마음이니 누가 능히 그 일을 알리요."(에레미야 17:9)라는 말씀을 되뇌었다. 그리고 그 여직원이 자기 어머니를 그렇게 미워하고 극언을 서슴치 않는다는 말을 다른 사람으로부터 전해 듣고 마음 아파하며 그녀의 영혼에 은사가 있기를 간절히 기도했다.

러시아 속담에 "태양 아래는 밝고 어머니의 곁은 따뜻하다."라는 말이 있다. 또 성경의 십계명 다섯 번째에도 "네 부모를 공경하라."라는 구절이 있다. 특히 그녀가 기독교라는 종교를 가지고 있고, 앞으로 목사의 사모로서 중차대한 사명과 책임이 있는데 처신이 그러하니 더욱 걱정이 되었다.

그 CEO는 노을 비끼는 고운 황혼녘, 석촌호수를 걸으며 그 여직원이 참사람이 되도록 하나님께서 훈련해 주실 것을 간절히 기도했다. 그리고 '슬픔이 변하여 기쁨이 되게 하시는 하나님 은혜'(룻기 1:6~14)가 그이에게 드리워지리라 믿기로 했다.

공자는 30대를 이립而立 : 자립할 수 있는 시기이라고 했으며 예기 고서禮記 古書에서 30대를 장년壯年 : 혈기왕성하여 한창 활동할 나이이라고 했다. 그렇다면 그녀는 언제까지 부모님 그늘에 있을 것인가?

그런데 어느 날, 여직원은 온다간다 말없이 회사를 떠났다. 무책임하게 업무의 인수인계도 없었고, 또, 출입문의 열쇠도 반납하지 않았다. 자신에게 기대를 걸었던 회사를 배반한 것이다. 인생의 궤도를 수정하기 위해서라면 고마운 일이지만, 그렇다해도 섭섭한 마음을 어쩔 수 없는 것이었다. CEO는 그저 그녀가 부디 작은 행복이라도 되찾기만을 소망했다.

'만일 그대의 얼굴이 뒤틀려 있다면 거울을 탓해 보았자 소용없다.' 클레드스턴의 말이다. 그녀 인생의 긴 여정이 평안한 삶이 되었으면 한다.

이 세상에서의 삶은 풀꽃의 스러짐 같이 지나간다.
그러기에 나그네로 있을 동안
오직 나의 중심中心을 감찰하시는 그리스도만을 의지하며 살기를
간절히 소망한다.

– 〈늘 주님을 닮고 싶은데〉 중에서

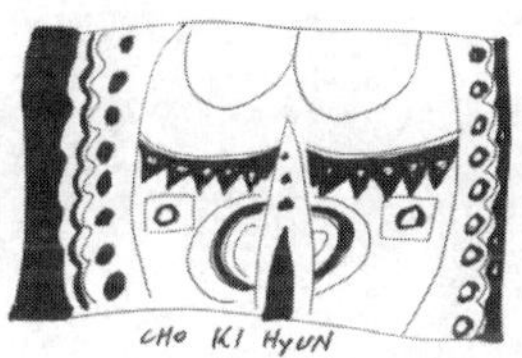

기도에 힘쓰고 친교로 아름다운 성도가 되자

하나님을 진실로 믿어 제자가 된 성도들은 이웃과 사랑의 친교를 맺고 있는지, 이웃을 내 몸과 같이 사랑하라고 하신 말씀대로 살고 있는지 자문자답해 볼 필요가 있다.

그러나 대부분의 경우 그렇지 못하고 슬기롭지 못한 일이 많으니 이에 관련된 사람들은 진실로 회개해야 한다. 그래서 이웃뿐만 아니라 원수 같은 사람들까지도 예수님의 사랑으로 모두 끌어안고 참마음을 주어야 한다.

다시말해 참성도는 예수님 안에서 한 형제요, 자매이니 정답게 훈훈한 마음으로 교제해야 한다.

그리스도가 우리의 부족을 용서해 주시듯 우리 또한 서로의 허물을 덮어주어야 한다. 부족한 인생들이기에 타인의 잘못과 죄를 심판하거나 예단하는 자가 되지 말아야 한다. 오직 예수님의 말씀 같이 형제의 잘못을 일흔 번씩 일곱 번이라도 용서하고 친교해야 앞날에 천국이 있을 것이다.

예수님을 닮아 누구에게나 사랑을 골고루 댓가없이 나누어 줄 때 참마음이 깃들 것이다. 또한 목자들도 섬김만 받는 자세에서 성도들을 섬길 줄 아는 진정한 목자가 되어야 한다.

겸손치 못하여 혀로만 아멘! 아멘! 하는 형식적인 인사만 하지 말고 정심 기도에 힘써 세상 사람들과 구별되는 삶이 되어야 한다.

신앙인에게는 말로만 아닌 '행함과 진실함'이 있어야 한다.

믿음에서 참마음을 상실하고 사랑을 모른다면 본말이 전도되어 미움만이 켜켜이 드리워진 어두운 밤과 같을 것이다. 그러함에도 믿음이 겉치레에 그친다면 자기 혼자서만 포만감을 느낄 뿐, 은혜를 받지 못할 것이다.

필자는 어느 수필가의 〈거울〉이란 글을 읽은 기억이 있다.

그는 거울은 항상 솔직하게 있는 모습 그대로를 보여주지만 '이보다 더 정직한 거울은 바로 기도다'라고 했다.

기도는 사실을 사실대로 비춰 줄 뿐더러 낙서로 더러워진 벽을 닦아내듯 죄를 용서 받고 잘못된 부분을 바꾸어 무한의 힘으로 공급받는 시간이다. 그러나 사람들은 자기의 추한 모습과 마주하기를 두려워하는 나머지 자신의 안에 숨겨진 티를 거울을 들여다보듯 하려 하지 않는다.

필자는 거울 앞에 당당하게 설 수 있어야 한다는 말을 강조한다. 그래서 모든 사람들이 초심의 믿음으로 돌아가 '첫째 내가 보는 거울, 둘째 남이 보는 거울, 셋째 그리스도가 보시는 거울'로 나누어 진솔한 자기 모습을 발견하기 위해 노력하라고 권면한다.

사려 깊은 사람은 자기 입술을 지키고, 혀를 제어하여 말로 남에게 상처를 주지 않아야 한다. 그리고 '의인의 마음은 대답할 말을 깊이 생각하지만 악인의 입은 악을 쏟느니라'(잠언 15장 28절)는 말씀과 같이 사랑 안에서 참된 것을 말하며 용서로써 친교하고, 기도하는 참 신앙을 소유해야 한다.

'남을 사랑하는 자는 반드시 사랑을 받고, 남을 미워하는 자는 미움을 받는다.愛人者必見愛也, 而惡人者必見惡也'라는 말이 생각난다.

K목사는 진정한 교역자인가?

  겉으로 멋지고 점잖게 행동하는 사람을 보면 그들의 진면목은 어떨까 궁금해 질 때가 있다.

  신약성경인 마가복음을 보면 환전상에 관한 이야기가 나온다. 예수 그리스도는 예루살렘에 있는 성전으로 들어가 '하나님의 성전은 도둑의 굴이 아니라 기도하는 곳' 이라고 화를 내며 환전상들의 탁자와 의자들을 뒤엎어 버린다.

  예수의 외적 표현은 분노였으나 그의 내면은 평화였다. 이와 반대로 어떤 사람은 남들에게 좋은 사람으로 보여지길 바라며 얼굴에 늘 온화한 미소를 띠고 다닌다.

  그러한 미소가 단지 살갗의 겉가죽에 불과하다는 것이 다른 사람들에게 뻔히 보이는데도 온 정력을 상냥한 표정

짓기에만 허비한다. 그러나 정작 자신의 머릿속은 텅 비워 두고 있다.

훌륭한 사람은 때로 외적 모습과 행동은 비록 무뚝뚝하고 표현이 독선적일지라도 내적으로는 순수한 마음을 소유하고 있다.

수도권에 있는 어느 교회의 K목사는 외관적으로는 지극히 겸손하고 목자다움을 한껏 드러내지만 마음속에 숨겨져 있는 유일의 목표는 오직 자기 이익뿐이다.

거짓되고 허물투성이인 K목사는 오직 자신의 영화를 누리기 위해서 성도들의 지지를 끌어낸다. 그러나 그가 훌륭하고 진정한 목자라면 자기 자신을 버리고 오직 믿음과 사랑으로 모두를 품어야 할 것이고, 인기에 연연해서는 안 될 것이다.

그는 마치 속빈 강정처럼 남의 글을 베껴다가 돈을 주면서 자기가 쓴 글인 양 모 주간신문에 칼럼이라고 게재하고, 또 모 기독교신문에는 칼럼을 연재하는 조건으로 그 신문을 매주 200부씩 구매하여 성도들에게 강매하고 있다. 이 얼마나 가증스런 노릇인가!

목자는 무릇 '라빈드라나트 타고르'의 다음과 같은 말에 귀를 기울여 성도를 겸손하게 섬기어야 한다.

"신이 그의 교회가 사랑으로 지어지길 기다리고 있는 동안 인간은 주춧돌을 날라 온다."

불교계에서는 '출가 수행자에게 제어하기에 가장 힘든

욕망은 명예욕이다' 라고 한다. 멀쩡한 수행자가 한번 명예욕에 사로잡히면 세상 사람보다 훨씬 속물이 되고 만다는 이 말을 한번 되새김질 해봄직하다. 기독교계에서도 목사라는 직분을 특권인 양 착각하여 성도들을 무시하고 권위로써 군림하려는 사례가 흔히 목격되는데 이럴 경우 대부분 본인이 상처를 입게 된다.

목사는 남의 뜻을 존중하면서 항상 은혜 속에 겸손으로 허물을 짓지 말아야 한다.

K목사는 영적인 병, 정신적인 병, 그리고 육체적인 병을 갖고 있다. 이런 목자가 어떻게 길 잃은 양을 인도한단 말인가?

사람들은 말씀을 먹고 살 듯이 세월을 먹고 산다. 그러나 그 목사는 세월을 모른 채 그렇게 소 뒷걸음치듯 살고 있으니 참 안타까운 일이다.

성도들은 지친 육체와 정신을 하나님 말씀으로 위로 받고자 시간의 십일조로 교회에 출석했지만 그 알량한 젊은 목사는 자기가 잘났다는 것으로 시작하여 자신이 최고라는 자찬으로 설교를 끝낸다.

성도들은 저마다 자신의 안식과 은혜를 받기 위해서 교회에 나오는 것이지 그 목사를 위해서 출석하는 것이 아니다.

그 목사 때문에 성도들이 교회를 등지고 떠나는 경우가 많다.

목자는 냉정하게 자기를 살펴야 한다. 목자는 예수님의

발걸음이어야 한다는 사실을 간과하고 있지는 않는지……. 만약 위선과 허위일 때는 신자들에게 미치는 영향이 심각하다.

목자나 성도나 목자노릇 성도노릇 제대로 하지 못하고 아침 저녁으로 예수님께 욕을 돌리면서 이에 모자라서 허풍과 허세까지 부린다면 용서받지 못 할 것이다.

우리들은 흔히 사람의 겉모양만 보고 그 사람의 품격을 단정짓는다. 그러나 중요한 것은 그 사람의 내면이다. 겉으로는 하나님께 기도하고 찬송하고 예배드리는 모습이 무척이나 경건하고 흠경스럽기까지 하다.

그러나 그 자리에서 벗어나면 깊은 음행으로 이중생활을 한다. 그런 모습을 보노라면 목자가 어떻게 저렇게 죄를 지을 수 있으며, 천연덕스럽게 성도들을 가지고 즐기는지 안타깝기 그지없다.

목회자는 가난하고 힘없고 소외된 성도들이 그리스도를 믿기 전에 먼저 목회자를 보고 믿음을 갖게 된다는 사실을 명심해야 한다. 그런 성도들을 지켜주고 보호해 주어야 함에도 이를 소홀히 하고, 영리에 눈이 멀어 군림하니 어떻게 하란 말인가?

상처받고, 찢기고, 할퀴어진 사람들이 교회를 찾았는데 그 목사는 감사헌금과 십일조로 고급승용차 굴리고, 언론매체에 자기를 알리는데 혈안이 되고 있으니 과연 진정한 목사인지 묻지 않을 수 없다. 결국 성도들은 더 큰 상처를 받고 하나님의 품안을 떠나 탕자가 될 수밖에 없다.

아무리 믿음이 진실한 성도라 할지라도 그와 같은 상처를 받고 그리스도의 말씀을 붙잡는 성도가 얼마나 될지…….

'아우구스티누스'에게 그의 제자가 그리스도인의 최고의 덕목이 무엇이냐고 물었을 때 그는 첫째가 겸손이며, 둘째도, 세번째도 겸손이라고 대답했다. K목사도 지금이라도 회개하고 겸손하게 낮아져 자신에게 의식주를 대접하는 성도들을 마음으로 섬겨 존경받는 목사가 되어야 할 것이다.

30대 초반의 목사가 어머니뻘 되고, 아버지 같은 분들에게 반말이나 하며 결혼식 주례를 자청하는 등 겸손하지 못했음을 참회해야 할 것이다.

회개란 평생 가슴에 묻고 가는 것이다. 그 목사는 늘 성경을 힘써 읽고 양떼들을 인도하는데 부족함이 없도록 노력해야 할 것이다.

전철역 기둥에 자기 사진을 부착하여 신문에 자기 칼럼이 게재된 것을 알리는데 힘쓰지 말고 정말 환골탈퇴하여 좋은 목사가 되어 주었으면 한다.

한 나이 많은 권사는 자식 같은 그 목사에게 마음의 상처를 입고 탕자가 되어 나그네가 되었단다.

그 목사는 많은 성도들에게 죄를 짓고 있음을 깨닫고, 기도로 용서를 구해야한다. 또 목사와 신도는 수평관계에 있음을 제대로 인식하고 목사가 어떤 권력을 갖는 벼슬이 아님을 깨달아야 한다.

유소년부터 늙은 신도까지, 나이가 많고 적든, "목사님! 목사님!" 하며 제일 좋은 것부터 먼저 드리는 것이 어떤 특권으로 착각하는 듯한데 그것이 아님을 깨달아야 한다.

하나님의 중개로 목사와 소중한 인연이 되었는데, 목사가 그 성도를 이용하다가 이용가치가 없어지면 헌신짝 버리듯한다면 그 비정함에 성도의 상처는 깊을 것이다.

어느 신문을 보니 IMF 이후 취업률이 너무 저조하고 생활이 어려워 증산층의 자살도 꾸준히 증가추세에 있다고 했다. 또 신학도들의 목회자 지망자 수가 71%의 증가추세에 있다고 했다. 이를 보니 믿음 생활에 활력이 생기는 것 같아 고무적이면서 한편 60년대 보릿고개가 생각나 암울하다는 기분이 들었다. 이런 실정이니 K목사는 따뜻하게 잠 잘 자고, 잘 먹고, 좋은 교회를 주심에 대한 감사함으로라도 성도를 잘 섬겨야 할 것이다.

천주교의 O신부는 평소 "지배하고자 하면 지배당한다, 소유하고자 하면 가진 것을 잃게 될 것이며, 사랑하면 모든 것을 얻을 것이다. 그리고 사랑 욕심을 부리면 행복이 온다."고 했다. 그런데 그분은 어느 날 특정경제범(횡령)으로 불구속 입건되었다. 참 허울 좋은 말장난에 지나지 않았다. 물론 좋은 목사님, 신부님이 훨씬 더 많이 계신다.

목사는 절대적으로 양심적이어야 한다.

양심의 소리를 듣고, 양심을 거역하지 않으면 죄가 지어지지 않는다.

하나님은 인간들에게 양심을 선물로 주셨다.

양심이란 '선과 악을 구별하는 능력'을 말한다. 양심은 마음의 등불이며, 마음에 새긴 율법이다. 양심이 무너지면 인격도, 신앙도 무너진다.

K목사에게 배반당한 어느 성도는 그 교회를 떠나야 했다. 그 성도는 그 교회 신축시 십자가탑 설치비로 2천만 원을 헌금했다고 한다. 그는 그 일이 그리스도를 위해서 한 일이기 때문에 마음이 아프지는 않지만 그 교회에서 다른 곳으로 옮기려니 아쉬움이 매우 컸다고 토로했다.

사도 베드로는 "선한 양심을 가져라, 이는 예수그리스도 안에 있는 너희의 선행을 요하는 자들로 그 비방하는 일에 부끄러움을 당하게 하려 함이라."(베드로전서 3:16)고 했다.

회개는 양심의 회복이다.

그 목사는 지금 이 순간에도 어떤 성도에게 또 상처를 주고, 마음을 아프게 하며, 배신으로 자기 욕심을 채우고 있을는지도 모른다. 만일 그렇다면 이제라도 정말 양심을 회복하여 성도들에게 잘못을 고백하고 상처를 치료해주었으면 한다.

과천의 H목사는 한줌 흙이 될 자기의 장기와 시신을 필요한 사람을 위해 기증하겠다고 한 기사가 있었는데, K목사는 그 기사를 꼭 보았으면 한다.

아가페 성경 사전을 보면 목사를 가리켜, '보호하고 가르치는 뜻을 가진 목사님은 하나님의 사자로써, 또 교회의 교역자로써 교인들을 위하여 하나님의 말씀을 가르치고,

세속에 물들지 않도록 격려하여, 지역 내 다른 목자들과 공동으로 사역을 감당하는 사람'이라고 했다.

끝으로 K목사에게 에베소서 4장 11절 말씀을 각인시켜 주고 싶다.

"그가 혹은 사도로, 혹은 선지자로, 혹은 복음을 전하는 자로, 혹은 목사와 교사로 주셨다."

교회성장연구소 소장 홍영기 목사가 2004년 7월 23일 발표한 개신교 전도 활동에 대한 의식조사에서 60일간 전국 9개 지역 만 18세 이상의 일반인(무종교) 1,500명을 상대로 조사한 결과 응답자의 32.3%가 한국개신교는 '진리보다 교세를 우선하고 있다'고 대답하였다. 그리고 헌금 강요가 19.4%, 목회자를 '신뢰한다'가 10%, '신뢰하지 않는다'는 46%이며 응답자들은 바람직한 목회상(복수응답)으로 인격에 30%로, 사랑에 25%, 인간관계 14% 순으로 꼽았다. 또한 바람직한 교회는 '자유롭고 편한 교회' 32%, '사랑이 많은 교회' 25%를 들었다.

그 연구소 이장석 부장은 "한국 교회가 일반인의 다양한 욕구를 충족시켜 주지 못하고 있다"며 1990년대 이후 정체 상태에 있는 개신교의 쇄신이 요청된다고 했다. 그리고 '개신교는 무엇이 문제인가? 목회자는 어느 정도 믿나?'를 조사, 그 결과를 다음과 같이 소개하고 있다.

개신교는 무엇이 문제인가
소극적 사회봉사
사랑 부족
목회자 자질
배타적
12.0
규율 강조
15.5
5.3
6.5
9.0
(%)
진리 전파보다
교세 확장이 우선
32.3
헌금 강요
19.4

목회자는 어느 정도 믿나
전혀 신뢰 안함
매우 신뢰
0.2
신뢰
할만
9.1
7.5
(%)
별로
신뢰 안함
39.2
보통
44.0

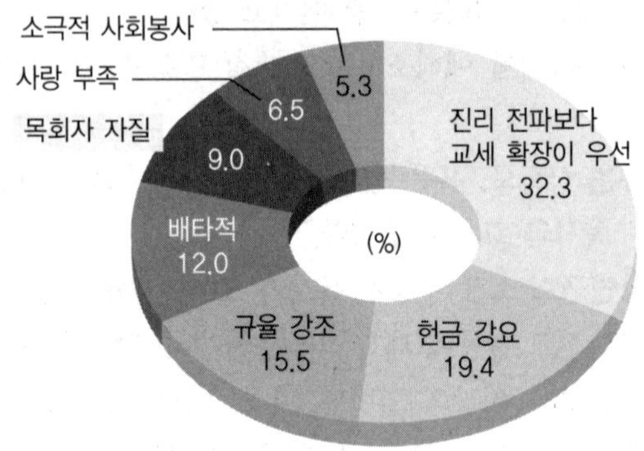

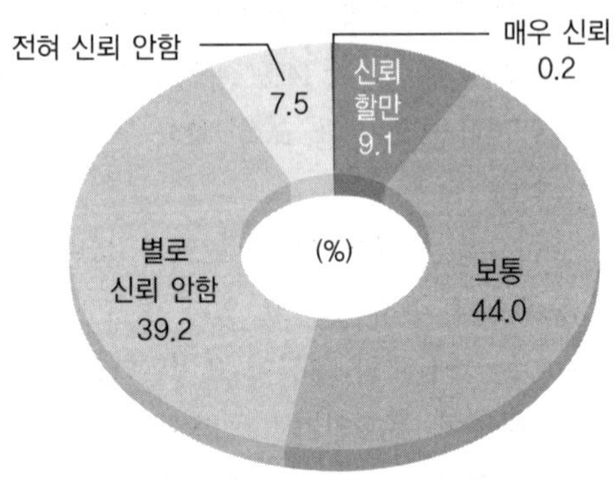

자료 : 교회성장연구소

늘 그리스도를 닮고 싶은데

  인간의 삶은 풀꽃의 스러짐 같이 지나간다. 그러기에 나 그네로 있을 동안 오직 나의 중심中心을 감찰하시는 그리스도만을 의지하며 살기를 간절히 소망한다.

  사람들은 사회적社會的 동물動物로서 악연惡緣이든, 좋은 인연因緣이든 처음 만나게 되면 첫인상이 중요重要하다.
  어느 시인은 첫 만남의 3초가 그 사람의 인상을 결정한다고 했다. 그러나 그 사람의 내면을 알기 위해서는 적어도 48시간 정도는 서로 접촉해야 한다고 생각한다. 좋은 첫인상을 결정하는 것은 무엇보다 아름다운 미소일 것이다.
  그러나 조물주 하나님께서는 수억의 인류에게 각자 그 모습들을 다 다르게 창조하셨으니 이 얼마나 놀라운 섭리인가!

우리 속담에 "웃는 얼굴에 침 못 뱉는다"는 말이 있듯이 미소 띤 그 얼굴로 만나는 사람은 행복한 사람일 것이다.

필자가 젊은 시절 공무원으로 근무할 때 우연히 경상북도 춘양 우시장에 갔다가 재래시장에 들러 노점에서 잡화상을 하는 78세의 노파와 마주친 일이 있었다. 그 노인은 천진스런 어린애와 같이 싱글벙글 웃고 있었다. 그 모습을 보고 아직도 이 세상에는 밝은 면이 더 많다는 느낌과 함께 소망을 갖을 수 있었다.

그 감명으로 공무원 교양지에 〈웃음에 대하여〉란 제목으로 수필을 쓰기도 했었다.

예수를 믿는 사람은 얼굴에 믿지 않은 사람에게서 볼 수 없는 너그러움과 성령을 듬뿍 담고 다닌다. 그래서 그리스도 안에서 늘 풍요와 행복함이 넘치고 향기가 있다.

어떤 연예인이 TV의 토크쇼에 나와 "지나온 과거가 한없이 슬픈 회억이지만, 부인의 넉넉하고 따스한 웃음과 그리스도인으로서의 품격을 잃지 않고 살고 있다. 또 그리스도께서 주신 달란트를 잘 간직하면서 늘 감사함을 잃지 않는 향기나는 사람이 되자고 기도하고 있다."고 했다. 그런 그는 지금 촉망받는 연예인이 되어 그리스도인의 향기를 간직한 채 행복한 가정을 지키고 있다. 나는 자기의 허물과 자기가 죄인임을 잘 안다면서 오직 충만함으로 기도

생활에 최선을 다하고 있다는 그의 말에 감명을 받았다.

물론 그리스도인이라고 모두가 예수님을 닮아 간다고는 말할 수 없겠다. 필자도 교회에서는 중직에 있지만 그리스도의 말씀에 합당한 믿음으로 살았는지, 그리고 소외된 이웃과 더불어 참다운 그리스도인으로 살았는지 회개하지 않을 수 없다. 목사님의 설교말씀에 성도들은 아멘, 아멘 하면서도 목사님의 축도가 끝나면 언제 보았냐는 듯 총총히 가버린다. 또 한복을 곱게 차려입은 헌금 위원 집사님들은 교회를 떠나는 성도님을 향해 아주 정중하게 '할렐루야', '할렐루야!' 를 외쳐대며 인사를 하지만 어느 누구 하나 답례하는 것을 보지 못했다. 그럴 때면 필자의 마음은 무겁고, 아프다.

다만 내가 할 수 있는 일은 서로 용서하고, 사랑하며, 예수님을 닮아 가도록 간절하게 기도하는 것뿐이다.

이제 2002년도 달력 한 장의 시간 밖에 없다. 시인 김현승님의 〈가을의 기도〉라는 시를 되뇌며 그리스도를 닮은 그리스도인이 되기 위해 마음을 가다듬고자 한다.

> 가을에는 기도하게 하소서.
> 낙엽이 지는 때를 기다려
> 내게 주신 겸허한 모국어로 나를 채우소서.
> - 하략 -

그리고 '산상수훈의 행복할지니라.' 를 믿게 하소서. 아멘.

진리를 찾는 구도자와 같은 길

나는 꿈 많은 청소년시절에 부모님 곁을 떠나 낯설고 물설은 객지에서 하숙하며 중, 고등학교를 다녔다.

그때 나는 중천에 떠 있는 달을 보면서 "시인은 어떤 사람이어야 하며, 시란 무엇인가?"라는 질문을 자문자답하곤 했다. 그리고 막연히 시인을 동경하여 선인들의 시를 탐독하고 습작하면서 시인이 되는 꿈을 키웠다.

음과 양의 법칙은 어두운 곳이 있으면 밝은 곳이 있고, 높은 곳이 있으면 낮은 곳도 있음을 뜻함이다. 즉 사람이 짐승과 구분되는 의미를 담고 있는 터라 우선 사람다운 사람이어야 한다는 명제가 포함되어 있음을 안 것은 그때였지만 그것을 실천하기란 쉬운 일이 아니었다.

그러나 나는 공부를 한다며 청운의 꿈을 안고 서울의 K 대학 법대에 진학, 고시에 도전했으나 실패하고 호구지책으로 국가공무원에 투신했다. 그러면서도 마음 한 켠에서는 시인이 되리라 굳게 다짐하며 독서와 습작으로 문학의 기초를 다지며 연구에 몰두했다.

나는 시인이란 어떤 사람인가 하는 질문을 할 때마다 윤선도와 괴테를 떠올린다. 이유는 글을 쓰는 사람은 자기가 현재 서 있는 자리를 알아야 한다는 생각에서다. 내가 알기로 윤선도와 괴테는 그랬다.

시인은 나는 누구인가? 나는 무엇을 해야 하는가?하고 끊임없이 질문해야 한다. 모든 사람은 시간과 공간 속에서 살고 있고 그것을 떠나서는 존재할 수 없다. 그러면 시간이란 무엇인가? 그것은 역사다. 과거, 현재 그리고 미래라는 역사, 그 시간 속에 서 있는 자가 바로 나다. 이것을 자각해야 하며, 그 의미를 찾지 않으면 안된다. 더불어 역사의 의미, 또한 나의 의미, 그리고 모든 사물의 존재 의미도 함께 찾지 않으면 안된다.

공간이란 내가 태어나서 살고 있고, 앞으로 살아갈 이 대한민국이다. 그러나 여기에서 머물러서는 안되고 더 나아가 세계, 그리고 우주라는 큰 공간을 차지하겠다는 기백을 가져야 한다.

예컨대, 멈춤이 없는 우리의 의식이 진일보해야 한다.

나를 둘러싸고 딛고 서 있는 이와 같은 현실을 인식하는 것부터 출발해야 한다. 위와 같은 사고가 '나는 누구인가? 나는 무엇을 해야 하는가?'를 자각하게 한다.

그와 같은 깨달음 속에서 '시'가 출발해야 한다. 그곳에서 어제와 오늘의 의미를 찾고, 창조의 작업을 해야 한다. 시인은 사상가도 관념론자도 아니다. 한없이 진리를 찾는 구도자. 그가 바로 시인이 아닐까?

시인은 진실해야 하며, 확고한 가치관도 있어야 한다. 더불어 사랑과 자연에 대한 이해도 있어야 한다. 또 모든 것이 관념 속에 정지되어서는 안된다. 순수한 시각으로 보아야 하며 순수가 가슴 깊이 각인되는 그런 시로 생명력이 있어야 한다.

좀 더 진취적이고 역사의 소명의식이 있으면 더욱 좋을 것이며, 내 자신의 삶, 이웃의 삶, 소외된 삶, 민족의 현실을 가슴으로 느껴야 한다. 아픔을 끌어안고 눈물을 흘릴 수 있는 시인이어야 하며, 내일을 예견하고 소망의 빛을 주는 시인이어야 한다.

시인은 인간 삶의 보이지 않는 뒷면까지 볼 수 있어야 하고, 슬픔 속에서도 기쁨을, 절망 속에서도 소망을 볼 수 있어야 한다. 짓밟혀 볼품없는 들꽃에서 인생을 보고 우주를 볼 수 있어야 하며, 현실적인 삶을 조명해야 한다. 내 작품 중에 〈대조법〉이라는 시가 있다. 대조법은 삶의 자리다.

나는 이 시를 통해서 인간의 삶을 이야기하고자 했다.
시의 일부를 소개한다.

  어둠이 짙을수록
  빛이 그리운 법
  빛이 너무 밝으면
  눈이 시린 법
  땅은 드러누워
  하늘을 그리고
  하늘은 높이에서
  땅을 그리네.

  나는 내 시가 문학성을 갖추고, 순수와 진실이 조화를
이루어 아름다운 시가 되었으면 한다. 그래서 의식이 살아
있는 생명력 있는 시인으로 자리매김 되었으면 한다.

만남·1

필자가 고난과 슬픔에 젖어 있을 때 서울 송파구 방이동 소재 임마누엘 교회의 S집사를 만나게 되었다. 세상을 살아가는 동안 가졌던 수많은 꿈과 소망이 끊어지고 의기소침해 있을 때 성경의 "진실한 입술은 영원히 보존되거니와 거짓 혀는 눈 깜짝할 동안만 있을 뿐이다"(잠 12장 19절)라는 말씀에서 진리를 발견하고 신앙의 끈에 묶였다. 그리고 그 집사의 도움과 기도로 그 난관을 극복하고 지금은 권사의 직분에까지 왔다.

거슬러 올라가 그분과 믿음의 형제가 된 것은 필자가 위 교회 제3남선교 회장일 때였다. 그분은 부족한 나를 중보기도로 이끌어 주고, 매사에 긍정적인 삶으로 독수리 같이 살게 했다. 그때 믿음의 형제들과 누가 먼저랄 것 없이

'성우회'란 모임을 갖게 되었다. 각자 부인까지 회원이 되어 모이면 기도하고, 여름 휴가 때면 강원도 설악의 콘도에서 2박3일 동안 영성훈련과 기도 등을 하며 참신앙의 형제자매가 되었다. 그런데 어느 날 갑자기 마귀의 역사로 모두 뿔뿔이 헤어지고 서로 소식조차 없었으나 유독 S집사만은 그리스도께서 인치[印致]하시어 좋은 일이나 나쁜 일이나 변함없이 도금되지 않은 정금의 믿음으로 시종 마음을 주고, 진실된 신앙을 실천했다.

앞에서 말한 잠언 12장 19절의 "진실한 입술은 영원히 보존되거니와 거짓 혀는 눈 깜작할 동안만 있을 뿐이다."라는 성경 말씀을 지키며 실천해 온 진실된 신앙인이었다. 나는 권사이면서도 그분에게 마음을 열지 못하고 오직 나만을 고집하며 나를 우선으로 살아왔다. 그러나 그 분은 남을 우선으로 기도했다. 대부분의 사람들이 남을 곤경에 빠뜨리고 중상 모략하는 세상임에도 그분은 자신을 희생하고 고통을 견디었다. 나는 그분이 진실한 신앙인임을 깨닫고, 그리스도께서 진정한 집사님을 만나게 해 주신데 대해서 감사하지 않을 수 없었다.

고난 속에서 잠시 미워하는 마음을 갖고 그리스도 곁을 떠나 있을 때에 그 분은 눈물로 기도했고, 영성을 회복할 수 있도록 참소망을 주셨다. 불행은 누구에게나 찾아오는 것, 그것을 극복할 때까지 신앙이 필요하다는 그분의 조언과 시편 30장 5절과 50장과 51절의 성경말씀이 오늘의 필자가 있게 한 것 아닌가 싶다.

내가 긴 여정에서 지치고 피곤해할 때 그분은 나를 신명나게 살아야 된다고 기도로 채근하며 충전시켜 주었다.

그분은 물질의 십일조도 필요하지만 시간의 십일조도 필요하다고 강조했다. 또 마태복음 말씀대로 병든 자, 가난한 자를 뒤돌아보는 믿음들이었지만 집사님은 직접 돌보는 수범을 보임으로써 필자를 더욱 믿음의 길로 이끌어 주고, 회개하는 삶을 살도록 했다.

또한 시편기자(시 30:1~12)는 절망은 창조의 시작이라고 했다. 또 독일의 철학자 에르스트 블로흐는 "희망의 원리에서 모든 새로움은 절망에서 출발 한다"고 했다.

그분이 눈물을 뿌려가며 기도해 준 희망과 믿음은 나에게 많은 힘을 주었다.

슬기롭고 지혜 많은 S집사!

그리스도께서 당신과 나의 진정한 만남을 주시어 좌절 없이 믿음을 치유 받게 하시고 아름다운 신앙의 만남을 맺게 하여 주심을 진정 감사합니다. 당신의 목회로 버림받은 이웃이 그리스도 말씀을 따르게 될 것이라는 것을 믿습니다.

당신과의 만남, 영원히 간직하겠습니다. 참 고맙습니다. 샬롬!

만남·2

1

예수를 만나면 얼마나 좋을까?

석가를 만나면 얼마나 좋을까?

또, 성인을 만나면 얼마나 좋을까?

불경에서 부처님을 만나는 일을 '큰 구멍 하나 뚫려 있
는 부목浮木이 표류하고 있는데, 바다 속에 사는 눈 먼 거
북이 한 마리가 백년마다 한번씩 바다 위로 떠올라 그 구
멍을 통과하는 것과 같다.'고 설명한다. 그만큼 인간의 만
남은 지난至難, 지상至上, 지복至福하다.

죄를 짓고 경찰서에 구속된 수형인들끼리의 만남이 비
록 물리적 강제에 의한 기계적 만남이라고 해도 그것도

분명 인연이니 그 만남을 창조적 만남으로 가꾸어 나가면 좋을 것이다.

남자와 여자의 만남은 산소와 수소가 만나서 물(H_2O)이 되는 것과 같이 사랑의 힘이 되어 삶의 원동력으로 발전한다.

드라마 '무인시대'에서는 궁 안에서 우연히 만난 수안 공주와 경대승 장군이 그 인연이 연민으로 변하여 애절한 사랑을 나눈다. 세상에는 그런 만남도 있다.

구치소에 신입으로 수용되어 길게는 20일, 짧게는 10일 동안 원하든 원하지 않든, 함께 기숙을 하면 정이 들게 마련이다. 그러나 이별을 할 때가 문제란다. 그렇게 정이 든 사이이지만 다른 장소에서 다시 만나게 되면 한쪽에서는 반가워한다해도 상대편에서 언제 만났었느냐는 듯 모른 체해서 만남이란 용어가 무색해진단다. 물론 사람에 따라 다르지만 죄를 짓고 구치소에 들어온 수형인들은 인간관계에 다소 문제가 있기에 자기들끼리도 깊은 정을 주지 않는다던가?

필자는 노사연의 〈만남〉이란 유행가 가사 중 "우리 만남은 우연이 아니야 그것은 우리의 바램이었어……"라는 가사가 마음에 닿는다.

그렇다. 아무리 기계적 만남이지만 미워하지 말고 사랑하며 헤어져야 한다.

성경에서 만남의 기쁨을 얻은 사람들을 찾아보면 '탕자와 아버지', '수가성 여인과 예수', '예수와 뽕나무 위로 올라간 삭개오’ 등이 있다.

성경에는 하나님과의 만남에는 근본적으로 기쁨이 있어야 된다고 강조하고 있다. 창세기 33장을 보면 형제였다가 불구대천의 원수가 되었던 에서와 야곱이 만났을 때 서로 뜨거운 포옹으로 용서한다. 야곱은 “형 ‘에서’의 얼굴을 보니 하나님의 얼굴을 보는 것과 같다.”라고 고백한다.

우리는 주변에서 서로 반목하다가도 다시 왕래하면서 웃음으로 만나 기쁨을 나누는 광경을 본 일이 있을 것이다.

창세기 21장 30절을 보면 아브라함이 아비 멜렙과 사이가 좋지 않았음에도 함께 우물을 팠을 뿐만 아니라 나무도 함께 심는다.

누구든 일생동안 살아가면서 수많은 사람들을 만난다. 어떤 사람은 한번 만났다가 헤어져 영원히 만나지 못하는 사람이 있는가 하면 어떤 사람은 한번의 만남이 지속되어 한평생 잊을 수 없는 감격으로 오래 오래 좋은 관계를 지속하기도 한다.

마틴 부버Martin Buber는 인간다움의 기본 구조는 만남 가운데 이루어진다고 했다. 일찍이 플라톤이 소크라테스를 만났기에, 또한 아리스토텔레스가 플라톤을 만났기에 위대한 철인이 될 수 있었던 것이다. 또한 갈릴리 호숫가의 이름 없던 어부 베드로Simon Peter도 그리스도를 만났기에 성 베드로St. Peter가 될 수 있었다.

죄인의 괴수라고 자인하던 바울도 다메섹Damascus 도상에서 그리스도를 만났기에 회개하여 위대한 사도 바울이 될 수 있었다.

만남은 대체로 유익한 일이 되지만 교도소나 구치소에서의 만남이 오히려 악연이 되어 범죄 집단으로 발전, 평생 자유를 빼앗기는 경우도 종종 본다.

어거스틴은 신앙의 어머니 모니카Manica와 밀라노의 유명한 성직자 암브로시우스Ambrosius를 만났기에 마니교에서 개종하여 유명한 기독교의 성직자가 될 수 있었다.

신앙심이 두터운 어느 노신사 부부는 수도권에 있는 A감리교회의 K목사를 잘못 만나 상처만 받고 믿음에서 멀어졌다고 한다.

심훈의 상록수에 나오는 여자 주인공 채영신은 1928년 원산 루씨 보통학교를 졸업한 후 감리교 협성소학교에 들어가게 되었는데 그곳에서 당시 교사였던 황에스더 선생을 만난다. 그래서 그녀는 황에스더의 영향을 받아 일제 치하에서 농촌 운동의 선구자가 된다.

한스카르사는 '인생은 만남'이라고 하지 않았는가. 사람은 평생 동안 수없이 많은 인연을 맺으며 산다. 그러나 그 인연은 배신도 당하고, 때로는 배신도 하는 만남으로 이어진다.

"그리워하는데도 한번 만난 후 다시 못 만나게 되기도 하고, 일생을 못 잊으면서도 아니 만나고 살기도 한다."라고 피천득 선생님은 〈인연〉이라는 글에서 적고 계시다.

인연이란 참 묘하다. 혈연관계일지라도 이해관계가 끼어

들면 금세 등을 돌리는 것이 현실이다.

푸르고 싱싱한 담쟁이넝쿨로 뒤덮인 민들레 홀씨처럼 악연으로 만나 그 주변 사람들까지 고통스럽게 하는 만남이나 인연이 되어서는 안된다.

성경 말라기 4:1~6절 말씀에 사람은 세 가지 복을 타고 나야 된다고 했다. 첫째가 부모를 잘 만나야 하고, 둘째로 선생님을 잘 만나야 하며, 끝으로 배우자를 잘 만나야 한다고 했다. 독자들은 위 세 가지를 모두 충족하였는지…….

그리고 만남에는 필연의 만남(부모, 자식) 선택의 만남(친구, 연인관계) 마지막 우연의 만남(환경, 타의 등) 그리고 기계적 만남(물리적으로 강요)등이 있다.

만남은 언제나 자신에게 자극을 주어 긴장을 주므로 생활에 활력을 준다. 그러하니 함께 영혼을 나누고 싶은 사람이 있다면 주저하지 말고 먼저 다가가라. 그리고 생각을 서로 공유하며 행동으로 실천하면 좋을 것이다.

2

흔히들 옷깃만 스쳐도 전생의 인연이라고 하지 않던가.

불교에서는 인연을 삼생의 인연이라고 한다. 또 입 섞어 말하는 인연을 수 생의 인연, 한 지붕 밑에 살고 있는 인연을 수십 생의 인연이라고 한다.

부모형제, 부부, 사제의 인연을 수백 생의 인연이라고 하며, 그 인연들이 깊게 성숙되면서 부부가 되고 형제가 된다는 것이다.

석용산 스님은 에세이 〈여보게 저승 갈 때 뭘 가지고 가지〉에서 "아픈 인연부터 빚진 인연들까지 얽히고 설킨 인연들이기에 금생에 와서도 그 인연의 타래들을 잘 풀지 못하여 서로 미워하고 시기하며 질투하게 된다."고 했다. 모두가 평범한 인연의 사랑과 미움인데……

구약성경 전도서 1:1절에는 "헛되고 헛되며 헛되고 헛되니 모든 것이 헛되도다."라고 말씀이 있지 않은가.

프랑스의 철학자 들뢰즈는 "좋은 만남이면 서로에 대한 평가가 후하고, 나쁜 만남이면 서로 박하게 평가한다. 그리고 모든 조직과 사회는 이렇게 관계Reference로 규정되어 있다."고 했다. 그렇다. 위 철학자의 말대로 사람은 모두 관계망 안에 서 있다.

불교에서는 친구의 연을 맺으려면 3,000겁劫 (매우 길고 오랜 시간. 천지가 한번 개벽한 때부터 다음 개벽할 때까지의 동안)을, 부부의 연을 맺으려면 3,000겁을 지나야 한다고 한다. 그렇다면 우리는 얼마나 행복한 사람들인가!

경허 스님은 〈인연〉이란 시의 첫 소절에 // 산중에서 나무꾼을 만나 / 잠시 이야기함도 또한 인연이거늘 // 이라고 했다.

요즈음 자기 편리함으로 만나 이익이 없으면 인연을 헌신짝 버리듯하니 이 얼마나 슬픈 일인가. N목사는 개척교회 당시 성도를 이용할 만큼 하다가 그 성도에게 불행이 찾아오자 뒤돌아보지 않고 쓰레기 버리듯 했다. 그 성도는 배신감에 정신적으로 말할 수 없이 힘들었을 것이다. 소수이긴 하나 하나님의 종이 그런 못된 짓을 했을 때 얼마나 허탈했겠는가.

신앙생활을 하는 사람들은 자칫 이기적이고 배타적이라는 평을 듣기도 한다. 종교를 갖지 않은 보통사람에 비하여 대인관계는 좀 너그러울지 모르나 신봉하는 종교가 다른 사람을 만나면 자기가 믿는 종교만이 최선이며, 다른 종교는 일고의 가치도 없다고 몰아세운다. 이렇게 맹목적적으로 자신의 종교를 따르며 스스로 선민의식에 빠져 그렇게 하는 것이 마치 자신의 신심을 두텁게 하는 것처럼 생각한다. 그러나 그것은 아집이며 자신을 바르게 보지 못하는 어리석은 짓이다.

만남이 이루어지면 전적으로 희생이 있어야 인연의 끈이 이어진다.

성경에 요한의 첫 번째 편지 '리그베다'에 "하나의 진리를 가지고 현자들은 여러 가지를 말하고 있다. 즉 진리는 하나인데 그 표현을 달리함에 있을 뿐이다."라는 부분이 있다.

사람을 잘 만난다는 것은 분명 행운이며 축복이다. 그러나 행운과 축복은 저절로 오지 않는다, 새싹이 돋아나거나, 단풍의 계절이거나, 혹은 첫눈이 올 때에도 우리는 새로운 만남을 기다린다.

불교에서 "호랑이를 그릴 때 가죽은 그려도 뼈는 그리기 힘들다."고 한다. 이 말은 사람의 마음은 알 수가 없다는 말이다. 만남에서 유익을 주었음에도 배신당하여 감옥까지 가는 사람도 있다. 속담에 '열 길 물속은 알아도 한 길 사람 속은 모른다.' 라는 말이 있지 않은가.

가벼움이 무거움을 압도하는 포스트 모던 시대라 그런지 요즈음 사람들은 분명 쉽게 만났다가 쉽게 헤어진다. 님과 남이 점 하나로 간단하게 갈린다는 어느 대중가요의 가사가 생각난다. 만남과 헤어짐이 인간관계를 엮어내는 가장 기초적인 씨줄과 날줄이라는 사실을 부정하는 사람은 없을 것이다.

살기 좋은 시대가 되었음에도 결혼하기가 무섭게 갈라서는 사람들이 많다. 또 예전에는 남자가 이혼을 제기하여 갈라섰지만 지금은 거꾸로 남자가 여자로부터 구타를 당하기도 한다는 이야기를 들으면서 이제는 여자들에게 그냥 참고 살라는 웃어른들의 충고가 먹혀들지 않는다는 것을 알게 되었다.

요즈음에는 몇십 년간을 함께 살아온 노부부들의 황혼이혼도 심심치 않게 이루어지고 있는 현실이고 보니 서글픔이 앞선다. 그러기에 건성으로 만나서 그저 겉으로만 아는 만남이 아니라 깊이 사귀어서 깊이 알아야 한다. 어려운 환경이더라도 그 어려움을 극복하고 주님의 품 안에서 긴 인연이 되어야 할 것이다.

만남에는 좋은 만남, 싫은 만남, 드문 만남, 작은 만남이 있으니 취사선택도 각자의 인품이다.

불교(잡아함경 제2 : 유행경)에서는 만나기 어려운 경우를 차레로 예시하고 있다. '첫째, 부처가 세상에 출현할 때를 만나기 어렵다. 둘째, 부처님의 가르침을 바르게 설명해주는 사람을 만나기 어렵다. 셋째, 부처님의 가르침을 알고 믿는 사람을 만나기 어렵다. 넷째, 부처가 설명하신 법을 스스로 잘 실천하는 사람을 만나기 어렵다. 끝으로 위험에 빠져있는 사람을 자기 일처럼 구해주는 사람을 만나기 어렵다'고 했다.

회자정리會者定離 즉, 만나면 반드시 헤어진다는 말이 있다. 우리는 서로 존중하며 더불어 사는 삶이 되어야 하겠다.

성찬식聖餐式에서의 도덕道德 불감증不感症

    철학자이자 신학자인 폴틸리히는 "종교는 문화의 내용이요, 문화는 종교의 형식이다"라고 말했다. 그렇다. 원시 미개인 사회로부터 고도로 발달한 현대 문명사회에 이르기까지 종교는 어떤 모양이나 형태로든지 사람이 사는 곳에는 필연적으로 존재한다.

    사람들은 고난과 역경에 처하거나 죽음에 임박했을 경우 또는 자신이 해결 못하는 어떤 위험이 몰아칠 때에는 공포와 두려움이 생긴다. 독일 철학자 칸트는 종교를 정의하면서 "종교는 인간의 모든 의무를 신의 명령대로 순응하는 것이다."라고 했다.

    성서인 전도서 12:13절을 보면 하나님을 경외하고 그 명령을 지키는 것이 사람의 본분이라고 했다. 따라서 참된 종교란 창조주 하나님의 섭리에 순응하는 것이며, 하나님 말씀에 순종할 때(신명기 28:1~14) 하나님께서 보내신 예수 그리스도를 믿음으로 영혼이 구원되는 것이다.(요 17:3)

믿음은 히브리어로 '아만'이며 헬라어로는 '피스티스'다. 이는 인간이 하나님을 믿고 의지하는 것을 말한다. 그런데 참된 믿음은 명예나 부유에 있지 않고 예수의 십자가 처형을 통한 은총과 구원을 얻은데 그 목적이 있다.(히11:6)

어느 날, 예배를 마치고 성찬예식을 하게 되었다. 그 의식은 넘치는 감사로 살과 피를 상징하는 떡과 포도주를 두 차례에 나누어 먹는 것이었다. 그런데 예식이 경건하여야 함에도 어느 30대 여자 성도가 그 음식을 받는데 한 번도 아닌 두 번이나 한 손으로 받았다. 그는 그저 생각없이 받았는지 몰라도 벧 1:6~7, 7:11말씀과 같이 방탕의 생활과 그리스도인의 도덕적 삶을 떠올리지 않을 수 없었다.

그 여자 성도는 나 혼자만의 믿음이면 되지 무슨 형식이 필요하냐고 항변할지 모르지만 그것은 기독교 기본 교리를 망각한 행농이었다. 그런 태도는 하나님의 영광을 어지럽히는 것이므로 바람직하지 않다는 것을 지적해주고 싶고, 깨우쳐주고자 한다.

뿐더러 평소 예배시 성도의 기본자세와 웃어른과 아랫사람에게 대접하는 예절도 훈련이 되어야 한다.

그래서 감사함으로 성찬식을 하고, 경건한 마음에서 예배가 이루어져 하나님의 영광을 고르게 받을 수 있어야 한다.

성찬과 성찬예식은 구분해서 알아 둘 필요가 있으며 성 찬Lord's Supper은 온 교회가 그리스도의 몸과 죄를 상징 하는 떡과 포주에 참예參預하는 제의식사祭衣食事다. 즉 이 성찬은 그리스도 안에 있는 생명의 근원인 몸과 피로서 그 분의 죽으심을 기리는 성례임을 알아야 한다.

그리고 성찬예식은 Eucharist. 헬라어로는 '유카리스데 오'라고 하며 감사하게 생각한다는 어원을 가지고 있다. 그리스도께서 자신의 몸을 십자가에 내맡겨 하나님께 드 린 때를 제사로 규정하고 되새기는 예식이다. 그러나 사전 적 의미로는 예수의 최후를 기념하여 그의 살과 피를 상 징하는 포도주를 나누는 의식이라고 해석된다. 또한 성찬 은 성찬식 때 쓰는 빵과 포도주를 이르는 말이다. 성만찬 은 알아차림의 훈련이며, 예수는 빵을 뜯어 제자들에게 나 누어 주며 말씀하셨다. 성만찬은 예수가 제자들을 일깨우 려 했던 것이며 마음의 집중을 기하는데 큰 목적이 있었 던 것이다.

성탄전야聖誕前夜

　성탄절은 희랍인과 로마인들이 황제의 탄생일이나 상징적인 날에 생일 축제를 지낸 것에서 유래한다.

　교회는 예수의 탄생일에 관한 뚜렷한 기록이 없었기 때문에 상징적으로 예수 탄생의 의미를 가장 잘 드러내주는 날을 성탄절로 정했다. 또한 예수의 탄생을 기념하는 크리스마스도 언제부터 시작되었는지에 대한 확실한 기록이 없다. 초기에는 그 날짜가 일정하지 않아 지역에 따라서 1월 6일, 3월 25일, 12월 25일 등 들쭉날쭉했다. 그러다가 로마 교회가 서기 354년부터 12월 25일을 성탄절로 지키기 시작하고 동방교회, 즉 그리스 정교가 그 뒤를 따라 이 날짜로 정하게 된 것이다. 신약성서인 마태복음이나 누가복음에도 날짜에 대한 기록은 없다.

기독교인들 사이에 크리스마스 이브, 즉 성탄전야가 특히 중시되는 것은 일몰을 하루의 시작으로 보던 초기 기독교의 전통에서 유래했다. 우리나라에서는 20세기 들어서면서 휴일로 정해졌다. 유럽이나 미국 등 서구에서는 가족끼리 식탁에 둘러앉아 식사를 함께하며 덕담을 나누는 것이 전형적인 성탄전야의 풍경이다. 우리나라와는 문화가 많이 다르다. 기독교에서는 교회에서 예배를 드리고 성도들 집을 방문하면서 찬송을 부르며 사랑을 나눈다. 여기에서 더 나아가 사랑하는 사람은 물론 소외된 이웃을 돌아보는 성탄전야가 되었으면 한다.

한해의 끝 무렵, 사랑하는 아내와 손자가 크리스마스 트리를 거실에 세우고 장식품과 꼬마전구로 장식하니 환한 모습이 참 아름답다.

예전에 평수 넓은 집에서 썼던 크리스마스 트리는 이사를 몇 번 하다보니 짐이 되어 가슴 아프게 버리고 말았다. 한동안 기다려야 다시 크리스마스가 오겠지? 하며 기다림의 미학을 즐기다가 크리스마스 트리를 꺼내어 펼칠 때면 어쩌면 이렇게 세월이 빠르게 지날까 하고 아쉬워한다.

또 한 해가 가는 마당에 가족들이 건강하여 감사하다. 내가 이 트리를 몇번이나 펼치면……? 하고 잠시 하늘을 쳐다본다. 어쩌면 머지않아 이 세상에 없을지도 모른다는 생각을 하니 숙연하기도 하고 붉은 황혼이 떠오르기도 한다.

아내와 손자가 먼저 트리의 나뭇가지를 보기 좋게 펼쳐 놓고 그 위에 하이얀 솜이며 꼬마전구를 매달아 고사리 손으로 하나하나 장식을 한다.

크고 작은 장식품들을 적절한 간격으로 달아주고 리본으로 만든 장식품도 나뭇가지 사이사이에 매단 후 마지막으로 은색의 커다란 별을 가장 높은 곳에 달았다. 그리고 전원을 연결시키니 환상적인 크리스마스트리가 눈앞에서 반짝인다. 우리 가족들은 트리를 보면서 은혜 충만한 가정이 되고, 사랑도 가득한 가정이 되게 해 달라고 소망했다. 그리고 사랑과 용서의 한 해가 되기를 소원한다.

크리스마스는 단순한 휴일이라기보다 특별한 의미가 있는 명절이다. 가진 것이 없는 사람들은 12월이면 추위를 이겨내야 한다는 걱정으로 불안할 것이다. 우리 믿는 자들은 주위의 어려운 사람들을 돌아보고 나누는 넓은 사랑을 실천해야 한다. 사랑은 아픈 사람을 치료하여 주는 명약이다. 그러하니 주는 사람이나 받는 사람이나 모두 나누는 방법을 찾아야 한다.

행복幸福과 불행不幸

천국은 '좋은 씨를 제 밭에 뿌린 사람'과 '밭에 좋은 씨를 심지 아니한 사람'으로 구분한다고 한다.

서울시청 앞 푸른 잔디밭에서는 젊은이들이 더위도 잊은 채 야경에 매료되어 밤이 깊어 가는 줄도 모르고 청춘을 구가한다. 그들은 이 밤이 지나면 언제 다시 만나냐는 듯 포옹하고 짙은 입맞춤으로 열정을 달랜다.

그런가 하면 바로 그 밑 지하도에서는 한 젊은이가 이 세상 시름을 혼자 떠안은 것처럼 무겁게 걷고 있다.

그는 지하철 전동차 후미진 구석에서 빵 몇 개로 늦은 밤 배를 채웠다.

그는 밤낮을 가리지 않고 열심히 일하여도 손에 쥐어지는 것은 빈 껍데기뿐, 이렇다할 소득이 없으니 삶의 의욕을 잃고 공허함으로 살았다.

그 젊은이는 무엇이 행복이고 불행인지 분별이 안되었다. 전동차를 같은 시간에 승차했음에도 어떤 사람은 한 정거장도 못가 자리를 잡아 편하게 목적지까지 가는가 하면, 어떤 사람은 도착지까지 내내 그대로 서서가야 하는지? 어떤 사람은 건성으로 살아도 떼부자가 되는가 하면 어떤 사람은 진실하고 부지런하게 살아도 지지리 가난에서 헤어나지 못하고 평생을 어렵게 살아가야 하는지, 늘 불만과 원망 속에서 허우적거렸다.

전동차 안의 좌석에 앉아 있는 사람이든 서 있는 사람이든 다같이 하나님의 아들이다. 그리고 앉는 사람은 행복하고 서 있는 사람은 불행하다는 판단의 기준은 무엇인가? 그것은 생각하기에 달린 것이다.

그리스도는 신약성경인 마가복음 7:14–23, 마태복음 15:20, 구약성경 잠언 12:5, 6:11, 11:9 등에서 마음이란 사람을 더럽게 만드는 것이라고 말씀하셨다. 그리고 마음에서 나오는 악한 생각은 살인, 간음, 음란, 도둑질, 방탕, 악독, 속임수, 교만, 욕심, 어리석음이라고 지적하셨다.

행복과 불행은 사람들의 선택이어서는 안된다. 누가복음 10장 하반절에는 들뜬 신앙생활보다는 차분하고 진지한 마음으로 하나님의 말씀을 듣는 신앙생활이 필요하다고 지적되어 있다. 신명기 6:4–9절에서 모세는 이스라엘 백성들에게 하나님은 한 분이시니 마음을 다하고 정성을 다하여 사랑하라고 했다.

무엇이 우리를 병들게 하는가? 그것은 마음이다. 마음이 부패하여 우리의 생각도 병들게 한다. 행복과 불행은 우리의 마음에 있음으로 오직 그리스도의 말씀대로 행해야 한다. 요한복음 6:22-27에서 예수께서 갈릴리 호수 건너 편에서 물고기 두 마리와 떡 다섯 개로 오천 명을 먹이신 다음 날 "너희가 나를 찾는 까닭은 기적을 보아서가 아니라 떡을 배불리 먹었기 때문이다. 너희는 썩는 양식을 위하여 일하지 말고, 영생하도록 남아 있을 양식을 위하여 일하라. 이 양식을 인자仁者가 너희에게 주리니, 인자는 하나님 아버지가 인치하신 자니라." 하셨다. 그러자 그들이 "우리가 무엇을 해야 하나님의 일을 하는 자입니까?"라고 물었다. 예수께서는 "그것은 하나님께서 보내신 자를 믿는 것이다." 라고 대답하였다.

마음의 상처도 치유하기 힘들지만, 육체의 질병 역시 치유하기가 힘들다. 그러기에 사도바울은 세 번이나 간절히 기도했지만 그 질병으로부터 자유로워진 것이 아니라 다만 기도를 통해서 하나님의 은혜가 내게 족하다는 사실을 뒤늦게 깨닫는다.

불행하다고 좌절하지 말아야 한다. 전도서 9장11절에서 "시기와 우연히 임한다"고 전도자는 말하고 있음에 우리들은 깊이 성찰해야 한다. 그리고 "평범하게 사는 것이 행복이다"라는 말을 현답이라고 믿어야 한다.

고난苦難Distress

　'능선이 험할수록 산은 아름다우며, 능선에 눈발이 얼어 붙을수록 산은 더욱 꼿꼿하다.'는 어느 시인의 글이 떠오른다.

　우리의 삶은 항상 아름다운 것만은 아니다. 사람에 따라 고난의 폭이 깊고 헤어나기 힘들 성노의 어려운 날들이 있을 수 있다.

　채근담에 "낮은 곳에 머물러 본 다음에 높은 곳에 올라야 위험한 줄 알게 되고, 어두운 곳에 있어본 다음에 밝은 곳으로 나가야 마음을 기쁘게 하는 행복을 얻으며, 일이 뜻대로 되는 즈음에야 뜻을 잃은 자의 슬픔이 이해된다."라는 구절이 있다. 또 유대인의 지혜서인 탈무드에는 "고난을 경험한 사람과 그렇치 않은 사람의 맛은 다르다. 여름에 떫은 감이 가을에 달콤하다."라는 구절이 있다.

우리 옛말에도 젊은 시절의 고생은 사서도 한다고 했다. 재소자들의 찌들은 마음과 한껏 움추린 가족들의 아픔에 스산한 겨울의 한파가 닥쳐온다. 그 쇠창살 속의 재소자들은 그래도 목욕이라고 천정에서 쏟아지는 더운 물에 몸을 맡기는 순간 모든 것을 다 잊는다. 그리고 때수건으로 때를 밀며 천진한 어린애들의 소꿉놀이로 잠시 돌아간다. 그렇게 모든 것을 망각하고 시름을 잊은 채 박장대소하는 그들의 모습이 겉으로는 한없이 행복해 보인다. 그러나 그 순간이 지나면 어둠의 골짜기에서 헤매며 고통으로부터 출소할 그날만을 기다린다. 만물의 영장인 사람이 구속되어 자유를 빼앗기니 사람으로 살기를 접을 수밖에…… 심한 경우 생리현상인 변까지도 7일, 더 심하게는 10일까지 거르는 그런 아픔과 고통이 따른다. 그런 상황에 적응하지 못하는 사람은 살기를 포기하고 화장실 쇠창살에 목을 매고 세상을 등지는 경우도 있다.

성경에는 고난이라는 말이 히브리어로 12개, 헬라어로 21개가 수록되어 있다. 그 말은 '아프게 한다, 억압을 받는다, 떠난다' 등의 뜻으로 표현하고 있다. 이는 죄에 대한 하나님의 심판, 다른 사람의 불행한 감정이입, 다른 사람의 형벌에 대한 대속, 진정한 회개와 신앙, 보다 큰 악을 막기 위한 경고, 또는 그리스도와 같이 되고자하는 훈련 등으로 해석된다.

또한 법구경에 "마음이 머물러 쉴 곳이 없으니 법다운

법도 또한 모르며, 세상 일에 혼미하여 허우적거리면 바른 지혜는 둘 곳이 없다."라는 말이 있다. 그리고 로마서 8:17절에는 "자녀의 후사는 곧 하나님의 후사요, 그리스도와 함께 한 후사니 우리가 그와 함께 받아야 될 것"이라는 말씀이 있다. 재소자들은 이러한 경우를 가슴에 새겨 꿋꿋이 하나님께 간구하고 기도로 내일의 소망을 이루어야 한다. 그리고 가족의 행복을 기원하며 그리스도의 자녀로서 보람 있게 살겠다고 굳게 다짐해야 한다. 폭풍이 바다를 뒤집어 산소를 만들듯이 고난은 여생을 다시 되돌아보게 한다.

마하트라 간디는 "인간은 너무나 아둔하여 때때로 신이 보내주는 신호를 읽지 못한다. 우리의 귀에다 대고 북을 쳐야 비로소 미망迷妄에서 깨어나 신의 경고를 듣게 된다."고 말했다. 그렇다. 우리는 감사할 때 감사할 줄 알고, 있을 때 베푸는 삶이 필요하다.

재소자들은 자유를 잃었다고 좌절해서는 안된다. 인생은 누구에게나 위기가 있다. 그 위기를 나타내는 한자는 '위기危機'와 '기회機會'라는 두 개의 글자가 결합함으로서 만들어진다. 이 말은 바꾸어 말하면 위기는 곧 기회라는 뜻이다.

서양 격언에 '하나님은 문을 닫을 때는 창문을 열어 두신다.'라는 말이 있다. 우리는 이 말을 늘 유념할 필요가 있다. 미우라 아이꼬는 '병들지 않으면 드리지 못할 기도가 있다 / 병들지 않으면 믿을 수 없는 기적이 있다 / 병들지 않으면 들을 수 없는 말이 있다 / 병들지 않으면 인간이 될 수조차 없다'라고 고난에 대한 애착이 있음을 지적하고 있다. 우리는 연약하여 어떤 때는 꺾이고 넘어져 허우적대며, 몸을 일으킬 힘마저 없을 때가 한두 번이었겠는가?

쉽고 편안한 환경에선 강한 인간이 만들어지지 않는다. 시련과 고통을 통해서만 강한 영혼이 탄생하고, 통찰력이 생기고, 일에 대한 영감이 떠오르며, 마침내 성공할 수 있다고 헬렌켈러는 말하고 있다. 엘버트 허바드는 삶 속에서 '아무 문제도 갖고 있지 않는 사람은 이미 경기에서 제외된 사람이라'고 말했다. 그런 시련을 이기는 길을 시편기자는 77:1~20절 말씀에서 '자기의 연약함을 알아야 한다, 그리스도의 섭리를 알아야 한다, 성경말씀을 알아야 한다.'고 하며 자신의 힘으로 어쩔 수 없을 때 여호와 하나님께 맡기라고 한다.

비 온 뒤에 땅이 더 단단해진다는 말과 같이 고난에 꺾였을지라도 극복만 한다면 오히려 더 높고 귀하게 쓰임받을 수 있다. 시편119:71절에는 '고난당한 것이 네게 유익이라, 이로 인하여 내가 주의 율법을 배우게 되었다.'고 기록되어 있다. 또 로마서 8:18절에는 '생각컨데 현재의 고난은 장차 우리에게 나타날 영광과 족히 비교할 수 없도다.' 라고 기록되어 있어 용기와 힘을 주고 계시다.

옛말에 태산 그늘이 강동 칠십리 간다고 했다. 자기를 사랑하고 아껴주는 모든 분에게 이상을 바치고, 가족들에게 헌신하여야 한다. 고난 뒤에 새로움이 잉태되고, 강물이 끝나는 곳에서 바다가 시작되듯이 끝에는 언제나 새로운 시작이 있다.

위대한 비전은 자신의 신뢰와 확신을 탄생하게 한다. 넓은 들판을 끝없이 달리는 백마와 같이 자기 위치에서 최선을 다하는 삶이 필요하다.

아리스토텔레스는 "인간은 사색을 즐기고 사물에 대한 깊은 통찰력과 식견을 갖추어야 바람직한 삶을 살 수 있다."고 말했다. 쇠창살 사이로 밀려오는 외로움과 사랑과 그리움은 수형인들의 마음을 달래주기도 하고 울려주기도 한다. 풀꽃들이 비바람에 흔들리면서도 튼튼한 뿌리를 내리고 향기를 피우며 묵묵히 살아가듯 우리들도 그렇게 살아야 한다. 순간의 아픔과 고통으로 힘들 때에는 한없이 나약함을 느끼며 무엇이 그렇게 슬프게 했는지 당황스러워할 때가 있다.

무릇 그리움에 연인을 사랑하고 싶고, 질퍽한 인생 속에 밤을 지새며, 보고픔들이 공허한 가슴을 아프게 할 것이다. 고난은 축복을 가져다 주는 지름길이라고 종교개혁가 마르틴 루터가 말을 했지만, 감정소인, 무심연세感情所因 無心戀世 : 마음이 피곤해 세상을 사랑하고 싶지 않다라고 하지 않던가! 슬프고 고통스럽고 고난이 있으면 누굴 사랑하고 싶어도, 아름다운 꽃을 보아도, 아름답다고 느껴지지 않는 것이 사람의 마음이다.

고난은 고통을 수반한다고 한다. 그리스도와 우리의 고

난이 다른 이유는 우리의 고난이 죄값으로 주어지는 징계의 결과라면 그리스도의 고난은 우리 인류의 구원을 위한 중보적 고난이다.

신학자이며 철학자인 앨렌레드퍼드는 과거의 네 가지를 잊으라고 했다. 첫째로 과거의 죄를 잊으라고 했는데 그 이유는 하나님께서 이미 용서하셨기 때문이라고 했다. 두 번째, 과거의 실패를 잊어야 하는데 이유는 사탄은 과거를 통해서 우리를 괴롭히기 때문이라고 했다. 셋째는 과거의 축복을 잊으라고 했다. 그것은 과거에 다시 매이기 때문이다. 네 번째, 과거의 성공을 잊으라고 했다. 그것은 사람들이 안일에 빠지기 때문이라고 했다.

사도 바울은 부활하신 그리스도를 증거하라고 선택된 마지막 사도다. 그의 일생을 보면 가난과 굶주림과 고통과 죽음의 위기로 점철되어 있다.

그는 평생을 나그네로 살았으며 감옥에 갇힌 수형인으로 보냈다.

감사에는 두 가지가 있다. 첫째로 환경 조건 등의 상대적 감사, 둘째로 무조건적 감사인 절대적 감사가 그것이다.

구치소, 교도소, 감옥에 갇혀 있을지라도 그곳에 감사가 있다면 그곳이 천국이다.

구약성경 민수기民數記 14:9절에 '오직 여호와를 거역하지 말라. 또 그 땅 백성을 두려워하지 말라. 그들은 우리밥이라, 그들의 보호자는 그들에게서 떠났고, 여호와는 우리와 함께 하시느니라. 그러하니 그들을 두려워하지 말라’ 하고 고난을 극복함으로서 영적싸움에 승리할 수 있다고 말하고 있다.

괴테는, ‘인생은 고난으로 배우지 않으면 인생이라는 보통의 가치를 모른다’고 했다.

불교의 ‘증일함경 제20:성문품6’에 ‘먼저는 괴로우나 뒤에는 즐거운 것이다. 첫째, 아침에 일찍 일어나는 것은 괴로운 일이나 뒤에는 즐겁고, 둘째, 우유를 마시는 것은 처음에는 괴로우나 뒤에는 즐겁고, 셋째, 쓴 약을 먹는 것도 처음에는 괴로우나 뒤에는 즐거우며 넷째, 가업을 잇는 것과 혼인하는 것은 처음에는 괴로우나 뒤에는 역시 즐거운 것이다.’라고 했다. 그리고 로마 철학자 플리니는 고난에 대하여 ‘고통에는 한도가 있지만 공포에는 한도 없다.’고 했다. 고난에 시달리고 찌들다 보면 그 고난을 극복하고 자기를 돌아볼 수 있는 반성으로 죄에 쉽게 물들지 않을 것이다.

교도소에서 가족이 그립고 이웃이 보고 싶을 때에는 작자 미상의 시를 암송하며 긴 겨울밤을 눈에 이슬을 맺히며 소망을 갈구한다. ‘가을밤의 안개는 짙고 / 그 안개를 가르는 바람은 마음을 에일 정도로 시리고 또 서럽다 / 어느새 길어진 밤은 / 잠 못 이루는 사연들로 가득 채워지고 / 새벽을 기다리며 마시는 한 잔의 커피는 어눌한 위안이 된다.’

우리들은 고난 가운데 삶이 깊어지고, 자신을 뒤돌아보며, 성숙해진다.

찬송가 395장에 '너 시험을 당해' 라는 가사에서 '너 시험을 당해 / 범죄치 말고, 너 용기를 다해 곧 물리쳐라. / 너 시험을 이겨 새힘을 얻고 / 주 예수를 믿어 늘 승리하라. / 우리 구주의 힘과 / 그의 위로를 빌라. / 그리스도 네 편에 서서 항상 도우시리' 라는 분투와 승리를 그리스도는 주시고 있다.

어느 노성도老聖徒의 나그네 여정
- 건강健康한 교회

　'양심의 법칙은 자연에서 비롯된 것처럼 보이지만 관습에서 유래된다.'

　프랑스의 철학자 몽테뉴의 수상록에 있는 말이다.

　나그네인 노성도가 하나님을 믿게 된 것은 사랑하는 처의 눈물 어린 기도로 교회에 출석하면서부터였다. 하나님 말씀의 오묘함과 신묘한 은혜를 받으면서 출석에 힘썼다. 전도서 9:11절에 '시기와 우연히 임한다'는 말씀과 더불어 오직 하나님의 위로와 평강이 그로하여금 믿음과 순종과 소망을 갖게 했다.

　19세기의 시인 롱펠로우는 어느 신문기자가 어떻게 하면 시를 잘 쓰느냐고 묻자 창밖의 사과나무를 가리키며 말했다. "저 나무는 늙었지만 해마다 사과를 주렁주렁 맺는다. 나는 고목을 보지 않고 그 나무의 새순을 보았다.”

그 노성도는 하나님 말씀에 순종으로 살려고 최선을 다했다. 그리고 주어진 길을 걸으며 작은 행복에서 감사하며 살고 있단다. 박꽃과 같이 순백하게 자라고 있는 손자를 무심히 지켜보면 기쁨이 넘쳐 그저 감사하기만 하단다. 때로는 손자와 장난을 치는데 손자가 화를 내는 그 모습이 그렇게 좋을 수 없단다. 그런데 그 손자 녀석도 초등학교 5학년이되니 마음이 내키지 않을 때는 앙탈도 부리며 할아버지와 놀아주기를 꺼려, 어느새 훌쩍 커버린 느낌이 든다.

어느 광고에 “그대만 행복하면 되나요?”라는 말이 나온다.

가끔은 외손자, 외손녀들과 비교하여 친손자에 대한 사랑이 조금은 부족한 것 같아 미안하고 안쓰러워 보인단다. 그러나 손자는 그런 것에 아랑곳없이 무럭무럭 잘 자라주니, 하나님께 너무나도 고맙고 감사하단다. 그는 항상 하나님 말씀에 따라 손자들이 잘 자라 먼 훗날 이웃과 국가에 보탬이 되는 사람이 되게 해달라고 간절히 기도한다.

롱펠로우의 시 중에 ‘누구의 인생이든 비는 내린다’ 라는 구절이 있다. 사람 누구에게나 크고 작은 고난과 고통이 있기 마련이라는 말이다. 나그네인 노성도는 이곳저곳 교회에 등록하여 새로운 성도들과 만남으로 친교를 한다. 그때마다 늘 무거운 믿음 생활을 접고 싶을 때가 한 두 번이 아니었다. 어떤 교회에서는 생활이 궁핍함에도 불구하고 믿음생활이 감사하여 시간과 물질의 십일조를 초월

하며 헌금했다. 그런데 한 때는 왜 그리 주변에 아첨배들이 많았는지……? 어떤 교회에서는 목사님의 말씀은 은혜스러운데 사랑이 너무 부족하고, 어떤 교회에서는 목사님이 자기 이름만을 알리는데 혈안이 되어 성도들의 헌금을 떡 주무르듯하면서 이를 지적하는 성도들에게 상처를 주어 교회를 떠나게 했다.

어떤 교회에서는 설교 때마다 물질에 대한 설교를 하여 그것에 따라가지 못하는 성도들에게 고통을 주며, 철야예배시 광기에 가깝게 고성으로 하는 통성기도 또한 스트레스로 가슴에 피멍이 들게 했다.

어떤 교회에서는 전도하라 해놓고, 텃세가 심해 새로 온 성도들은 버티지 못하고 떠나 이 교회 저 교회를 떠도는 나그네가 되기도 했다.

어느 교회에서는 새로 등록한 중직과 30대 초반의 목사가 상견례를 하던 중 60대 중반의 중직이 자식같은 젊은 목사에게 정중하게 인사를 했건만 그 젊은 목사는 인사를 하는둥 마는둥, 세상에서도 상것들이나 하는 예법인지라 눈살을 찌푸릴 수밖에 없었다. 이 모두가 기독교인으로서 성결된 삶이 아니며, 풋대가 아니었다. 이 모두가 가정의 교육이 모자라는 문제도 있지만, 교회에서 말씀의 가르침이 부족했음에 기인하리라.

그는 모태신앙인이었고, 또 자기 아버지가 목회자여서 젊은 성도든 늙은 성도든 "목사님! 목사님!" 하며 섬기니, 자기 아버지가 최고라는 관념을 가지고 성장했다. 때문에 목사가 된 후에도 섬김을 모르고 예의가 몸에 배지 못했으니 당연히 겸손할 줄 모르고 인사성이 없었다. 그러하니 젊은 성도들이 무엇을 배우겠는가? 참 안타까운 일이다.

그러기에 개신교 숫자가 해를 더할수록 감소추세로 바뀐다고 한다. 또, 전도해봐야 수평적 이동만 이루어져 이쪽 교회에서 저쪽 교회로 등록하다가 상처를 입는 성도는 완전히 개신교에서 천주교로 옮기고 만다니, 개신교는 정말로 진실된 사랑의 실천과 도덕의 무장이 필요하다. 칭찬할 수 없는 일을 가지고 갑론을박甲論乙駁할 일은 아니지만 누구든 인생은 내일, 그리고 또 내일이 살금살금 다가와서 막다른 골목까지 끌고 간다는 사실을 명심해야 한다. 누구든 언젠가 촛불이 스쳐가는 그림자에 불과하다는 것을 세월을 통해 알게 될 것이다. 시편 73:17절에서 "하나님의 성소에 들어갈 때에 비로소 생기는 것"이라고 결론을 내렸다.

젊은 성도들이여! 내부모에게 효도하면 남의 부모도 귀히 섬기는 법, 분별된 삶으로 참 신앙인이 되어야 한다. 전도를 함에도 전도 받는 자는 전도자의 됨됨이를 보고 신앙인이 되고 안 되고를 결정할 것이다. 예컨대 야고보서 2:17절에 "행함이 없는 믿음은 죽은 것이다."라고 했지 않는가. 우리 기독교인들은 사랑이라는 말을 너무도 익숙하게 사용하면서도 과연 정말로 사랑하고 있는지…… 겉보기에는 그야말로 열성적으로 대성통곡하며 통성기도를 하는데 그 통성기도의 1할이라도 실천하였는지…… 진실로 반성해보자. 그러기에 에리히프롬Erich Fromm은 "사랑의 개념에 대해 배워야 할 필요성을 느끼는 사람은 거의 없다."라고 말하고 있다. 그리고 바울은 고린도전서 13장 전체에서 성도다운 사랑의 실천을 말하면서 그 중에서 사랑이 제일이라고 했다.

나그네인 노성도는 설익은 젊은 성도를 용서하며, 자신이 그를 꾸짖을 자격이 있는지 자문자답한단다. 그리고 모두가 형제이기에 부족함을 메꾸어 주며 기독교인답게 아름다운 성도가 되기를 기원한단다. 노성도는 오늘도 초심의 믿음을 회복하기 위해 간절히 기도하면서 "반듯이 밀물의 때는 온다"는 글귀와 같이 하나님께서 좋은 종말을 주실 것을 확신한다. 그 자신이 모든 것을 아는 양 나서지 않고 기회가 주어진다면 약함이 곧 강함이라는 신앙 간증을 하려 한다.

건강健康한 교회가 되기 위해서는 대화의 문이 열려 있어야 한다. (행15:6-7 참고). 인간人間이 살아가면서 추구하는 가장 중요重要한 가치는 도덕적 가치價値 · Value이고, 인간의 최고 가치는 종교적 가치와 같다.

사람은 누구나 늙게 마련이다.

이 "노인에 대한 사랑이 곧 자기의 미래에 대한 사랑"일 것이다. 요한일서 4:16절에 '하나님은 사랑이라' 하지 않았는가. 그러함에도 그 젊은 성도는 잠시 사랑을 망각했을까?

마틴부버는 유태인으로서 그의 저서 《나와 너》에서 "태

초에 관계가 있었다”라고 말하면서 인간관계를 두 가지로
분류하였다. 하나는 ‘너와 나’, 다른 하나는 ‘나와 그것’
의 관계라고 했다. 바꿔 말하면 내가 귀하면 너도 귀하다
라는 것을 알게 되므로 서로를 존중해주는 관계를 말하는
것이다. 그러하기에 하나님을 아버지라고 부르는 형제이
기에 더욱 세상 사람들과 분별된 참사랑이 있어야 그 관
계 속에서 아름다운 친교가 이루어 질 것이다.

사랑하는 자들아

베드로전서 3장 8절에 '사랑하는 자들아, 주께는 하루가 천년 같고 천년이 하루 같은 이 한 가지를 잊지 말라.', 그리고 4장 8절에서도 '무엇보다도 열심히 서로 사랑할지니 사랑은 허다한 죄를 덮느니라.'고 했으며 잠언 기자는 '그는 사랑스런 암사슴 같고 아름다운 암노루 같으니, 너는 그 품을 항상 족하게 여기며 그 사랑을 항상 연모^{戀慕}하라.'고 했다.

39세의 전 모씨는 충청도 동양면 조동리에서 빈농의 4남매 중 장남으로 태어나 공고 졸업 후 육군에서 3년간의 군복무를 마치고 전역하였다. 그리고 가난이 너무 싫어 서울에 무작정 상경, 밑바닥 인생을 살다가 운전을 배워 취업이 쉬운 택시운전을 시작했다. 그 후 시골 부모형제의 식생활을 책임지다 보니 정작 자기는 총각으로 늦게 되어 기사식당에서 연상의 이혼녀를 만나 사랑으로 알콩달콩 살림을 꾸리게 되었다.

늦게 딸을 얻었지만 동생이 자식을 낳을 수 없음에 그 딸을 동생 호적에 입적시키고 자기 핏줄을 조카로 부르면서 살았다. 그러자 그것 때문에 부부와의 언쟁이 심하던 중 건축을 한다고 남의 신용카드를 사용하다가 많은 부채로 부부가 영어囹圄 신세가 되었다.

그 후 부부는 세상을 너무 잘 못 살아온 것에 회개하며 성경 말씀으로 살 것을 다짐하였다.

그 사람들은 재회의 하룻밤을 아쉽게 흘러 보내고, 늦은 사랑을 아름다운 보물처럼 어루만지며 '아쉬움은 인간의 향기다' 라는 법정스님의 말에 공감을 하게 되었다.

이 부부에게 문득 밀란 쿤데라의 말이 떠올랐다.

"사랑은 서로에게 불안의 반지를 끼워주는 것이다."

그렇다. 그들은 이제 사랑이 깊어지면 자신을 통제할 수 없는 순간들이 많아진다는 것을 알고 있기에 각자의 행복에 책임을 지자는 책임의식으로 살아가고 있다.

비록 이혼녀였지만 터질듯한 수줍음과 웃음이 있는 그녀는 새 아침에 바다에서 떠오르는 일출광경과 같이 살아 있음에 늘 감사하고 있다.

그들은 세상 사람들이 미웠고 얼굴조차 마주하기 싫었지만 그리스도를 영접하고부터 사랑이란 단어에 조금씩

다가갔다.

뒤늦은 부부이긴 하지만 그리스도가 맺어준 배우자이기에 서로 사랑하며 모두를 사랑하게 해 달라고 그리스도께 간절한 기도로 간구하고 있다.

별거別居

벤자민은 "결혼 전에는 두 눈을 감아라. 결혼한 다음에는 한 눈을 감아라"라고 했다.

하나님께서는 창세기 2:18~25절에서 "뼈 중에 뼈요, 살 중에 살이라"라고 말씀하시고, 인간의 행복을 위해 가정을 만들어 주셨으며, 가정을 떠나서는 결단코 행복할 수 없다고 했다.

가정의 기초는 부부이며 부부는 믿음과 애정, 진실과 더불어 존경이 이루워질 때 행복할 수 있다. 서로 다른 가정에서 태어나 한 몸이 되어 결혼하니 그 만남이 남달라 하나님의 섭리 없이는 그렇게 될 수가 없다. 결혼 몇 개월만에 별거를 시작했다는 신문보도를 보고 생각이 있는 사람이라면 어떻게 이 지경에 이르렀는지 안타까워할 것이다.

자식들이 있는 50대의 어떤 지성인 부부가 여러 가지 여건으로 이혼을 하지 않고 별거를 했다. 그들은 한집에서 자연스럽게 이혼 아닌 각방을 사용했다. 그런데 남자가 성욕이 강해 여자에게 동침을 요구했고, 여자는 그것을 거절했다. 그것이 돌아 올 수 없는 강이 되어 결국 그 남자는 다른 여자와 불륜의 사랑을 즐기고 있단다.

무엇보다 부부가 행복한 가정을 세우기 위해서는 애정과 존경이 선행되어야 함에도 불구하고 우선 육체적으로 서로 어긋나 스킨쉽을 못하니 부부의 애정에 부도가 나 그저 한 집에서 살고 있는 것으로 만족하고 있다.

하나님께서는 아담의 고독을 치유하기 위하여 열명의 친구를 주지 않고 한명의 아내를 주셨다. 완전한 사람은 한 명도 없다. 남녀가 만나 서로 허물을 덮어주고 성도 서로 양보하여 서로 밸런스를 맞추어 살아 갈 때 행복이 있는 것이다.

싱직으로 부부가 맞지 않아 한 집에서 각방을 사용하며 별거하는 것이 과연 행복하겠는가? 이재창 목사는 104가지 행복한 가정 십계명에, 구약성경 룻기 10:34절의 말씀을 예로 들었다. 즉 '어려운 일이 생기면 피차에 자신의 부족한 소치로 알고 반성하며 서로 위로하고 격려하라' 는 것이다.

사도행전 10:34절에서는 '사랑을 최우선으로 하여 믿음으로 하나가 되며 온 가족이 행복을 누리며 살아라' 라고 했다. 어느 일일연속극에서 '행복은 지배하는 것이고, 불행은 극복하는 것이다.'라고 하며 지금은 고통스럽고 살기 어려워도 서로 참고 위로하며 현실을 잘 극복하자고 하는 말에 무척 공감이 되었다.

남편이 돈 잘 벌고, 속된 말로 잘 나갈 때는 부인이 애정과 존경을 넘칠 만큼 보내다가, 가정이 몰락되고 남편으로서 구실을 못하자 여자는 파출부로 일을 하여 돈 몇 푼 번 것을 기화로 힘들다고 남편의 애정을 거절, 별거가 시작되었다.

정리해고당한 월트 디즈니는 창고에서 잠을 자다가 쥐들이 노는 모습을 유심히 관찰하여 평화와 자유의 상징인 〈미키마우스〉를 탄생시켰다. 시편 기자는 30:5절에서 "저녁에는 울음이 기숙할지라도 아침에는 기쁨이 오리로다."라고 했다.

"사람 팔자 시간문제다."라는 우리의 속담도 있다. 그런데 사람 팔자는 누구를 만나는가에 따라 달라진다. 좋은 아내를 만나면 행복해지고 가정이 편해진다. 마태복음 15장 27절에 '개 같은 여인'이라는 말이 나온다. 또 '네 믿음이 크도다, 네 소원대로 되리라.'라는 예수님 말씀도 있다. 요즈음 웰빙Well-Being이 유행하고 있다. '웰'이란 만족한, 안락한 이란 뜻이며 '빙'이란 인생을 말한다. 그러면 웰빙은 잘 먹고, 잘 살자는 의미인 바, 우리 가정의 부부도 웰빙 부부가 되어 겸손하게 몸을 낮추어 남편을 섬기고, 부인을 섬기는 아름다운 부부, 향기나는 부부가 되어야 한다.

진정한 부부란 서로 허물을 덮어주고 아껴주며 용기를 북돋워주는 그런 부부다. 물질만능인 재물이 아니라 웃음으로 가득 채우는 그런 부부가 진정한 부부다.

행복이 전제되는 미소가 참 미소다. 물론 톨스토이가 쓴 《사람에게는 얼마만큼의 재산이 있어야 하는가?》라는 단편도 있지만 니체 같은 이는 "정당한 소유는 인간을 자유롭게 하지만 지나친 소유는 소유자를 노예로 만든다."라고 했다.

그렇다. 교회든, 부부간이든, 얼마의 재물은 있어야 한다. 그러나 넘치면 안된다. 교회에서도 지나친 헌금을 강요하면 그 교회의 성도들은 멀어진다. 어떤 부인은 남편의 수입이 없으면 짜증과 정신적 고통을 줌으로써 부부간에 불화를 자초했다.

바울은 "어떠한 형편에서든지 내가 자족하기를 배웠노라"(빌4:11)고 했다. 톨스토이는 "모든 행복한 가정들은 가족들의 생각이 서로 비슷하게 어울리지만 불행한 가정들은 가족들이 각기 자기의 독특한 방식으로 일관하기 때문에 가정불화가 필연적이다."라고 말했다.

사회생활에서 실패하고 불행한 일을 당해도 가정에 돌아오면 부모의 사랑, 아내의 사랑이 모든 상처를 아물게 한다. 지금 우리나라의 가정은 겉으로 보기엔 무척 행복하고 평화스럽게 보지만 실상 생지옥같이 느껴지는 사람이 적지 않다. 오직 가정의 행복과 평온을 지키고 성의 행복을 가져오기 위해서는 종교를 믿어, 믿음에 순종하는 길 뿐이다. 황혼의 나이에 재산 탕진으로 부부간에 불화와 고통이 있어도 오직 부부의 애정만이 그것을 녹일 수 있다. '존 워너메이커'는 "한번에 한 발짝씩 올라가다보면 높은 산이라도 언젠가는 반드시 정복할 수가 있다."고 했다.

어느 세대든 당황하지 말고 최선을 다하는 삶을 살자.

메리 파이퍼Mary Pipher는 '가정은 서로의 은신처, 피난처가 된다' 라고 했다. 하나님께서는 남자와 여자가 서로 짝이 되도록 지으셨으며 "생육하고 번성하여 땅에 충만하라"고 창세기 1:27,28절을 통하여 명령하셨다. 신약성경 골로새서 3:18,19절에서는 부부는 서로 사랑하라고 했다.

부부는 어떤 방법이든 별거를 하면 안되며 성경에서도 분방하지 말라고 했다.

별거하는 부부들이여! 서로 버팀목이 됩시다.

하나님께 맡기는 삶

구약성경 스바냐에서 선지자는 '모든 것을 하나님께 맡기고 기도하는 사람에게 명성과 칭찬이 주어진다.'고 하셨다.(3장 17절~20절)

목회자나 권력자, 부자나 가난한 자, 잘난 자나 못난 자모두 흘러기는 물일 뿐, 과거를 잊고 새로운 생활을 하는 것이 바람직하다고 권면하신다.

그리고 그리스도께서 모든 것을 주시어 생활하게 하고 건강을 지켜 주신다. 그러나 생각지도 않았던 한순간 모두 몰수하시면서 그 소중한 가족을 남기시어 기도하고 겸손하기를 원하고 계신다.

그리스도는 늘 아침 여명을 깨워 기도하라 하건만 직분자들은 겸손하지 못하여 자세를 낮출 줄 모르고 그 직분이 마치 벼슬인 양 혈기를 부리며 방종하고 있으니 얼마나 통탄할 일인가! 지금은 눈물을 흘리며 기도를 할 때다. 아골 골짝이나 유황불의 나락에 떨어져서는 안되리니 이웃을 사랑하고 구제에 힘쓰되 오른손이 하는 일을 왼손이 모르게 해야 한다.

진정한 사랑을 할 수 있는 사람은 진정한 사랑을 받은 사람만이 할 수 있으며, 은혜를 줄 수 있는 사람은 은혜를 받은 사람만이 가능하다.

인생은 나그네다!

그래서 사람들은 하룻밤 묵어가는 곳을 여인숙旅人宿이라고 한다. 이처럼 우리들은 세상이라는 여인숙에 잠시 잠깐 머물 뿐이다.

구약성경 전도서 1장 1절에 "전도자가 가로되, 헛되고 헛되며 헛되고 헛되니 모든 것이 헛되도다"라는 말씀이 나온다.

우리의 옛말에도 화무십일홍 권불십년花無十日紅 權不十年이라고 했다. 꽃은 열흘을 못 가고, 권력은 십 년을 못 간다는 말이다.

요즈음 세상 돌아가는 꼴이 가관이다. 사람들이 서로 자기편을 삼아 다른 편을 갈라놓기 위해 얼마나 혈안이 되어있는가.

충북 진천에 가면 꽃동네가 있다. 그 꽃동네는 최기동이라는 할아버지가 다리 밑 움막집에서 동냥으로 자기보다 어려운 처지의 사람들을 보살핀 것에 감동을 받고 어느 신부가 지금의 장소에 발전시켜 마을 이름을 '꽃동네'로 이름을 붙였다. 그 꽃동네 입구의 큰 돌에 이렇게 쓰여 있다.

"얻어먹을 수 있는 힘만 있어도 그리스도의 은총입니다, 우리들은 작은 행복에 감사할 줄 모르고 그저 살고 있습니다."

우리가 이렇게 무사하게 사회에 봉사하고, 가족과 화목하며, 건강하게 호흡하고 있음이 얼마나 감사한가! 불과 구름기둥으로 우리의 갈 길을 인도함에 찡그리지 말고 따르며 박꽃같은 웃음으로 거룩하게 살자.

수형인의 접견연출接見演出

희뿌연 날씨는 수형인들의 마음을 더욱 어둡게 한다. 구속영장에 의거 자유를 몰수당하고 이름까지 영치당한 채 대신 수감번호를 부여받는다. 그리고 도살장에 끌려가는 가축처럼 각 사동에 배치를 받아 0.3평의 컴컴하고 우중충한 사방에 유치된다.

로마에 가면 로마의 법을 따르라 했던가. 사방에 들어가자마자 그 방 고참의 손가락 지시에 따라 변소(일본어:삥끼통(ペンキトン)) 앞, 다른 수형인들이 잠자고 있는 틈새에서 겨우 모로 끼어 눕는다. 그렇게 죽었구나 하는 절망에 빠져 잠들었다가 아침이면 기상을 하여 순서에 따라 세면을 한다. 신입은 제일 늦게 마치고 식사를 하는둥마는둥 아침점검을 마치면 가족들과의 접견시간으로 접견장까지 계호

하는 교도관을 따라 간다. '죽느냐 사느냐 그것이 문제로
다.' 셰익스피어의 말을 뇌이며 접견장 대기실에 도착하면
검찰청에서 함께 넘어온 전입동기와 만남이 이루어진다.

그간 있었던 일들을 잠시 잊어버린 채 같은 수형인들끼
리 삼삼오오로 마주앉아 담소한다. 그러한 풍경은 시골의
오일장과 다를 것이 없다. 그들은 나이도, 인격도 까마득
하게 망각하고, 나누는 인사말은 고작 식사 잘하라는 것이
란다. 그들은 출소가 짧은 기간에 이루어 질 수 없는데도
곧 나갈 것처럼 전화할 테니 전화번호를 알려달라고 소리
지르고, 그러다가 동생 같고 아들 같은 교도관들에게 욕을
먹기도 한다.

그 접견장에 있는 사람들은 모두가 사장으로 통하는데
어떤 수형인은 회장으로 행세하기도 한다, 그곳에서는 모
두들 어쩌면 그렇게 잘들 났는지…… 그런가하면 어떤 수
형인은 집자랑도, 신분자랑도 할 것이 없어 주눅이 들어
접견장 대기석 구석에 앉아 있다.

그 수형인에게

"선생님, 그렇게 많은 생각과 번민을 해본들 출소할 수
있는 것도 아닌데 괜히 몸만 상하니 식사 많이 하고 운동
이나 열심히 하십시오. 모든 것은 시간이 해결합니다."

라고 위로하면 처음에는 그 말이 허망하지만 세월이 가
고 출소하면 그 말이 약이 되었음에 고마워한단다.

그때 이번 접견은 예약 몇 회차이니 대기실 앞에서 기
다려 달라고 안내 방송이 나오면 한 평도 안되는 접견방

으로 들어간다. 그곳에서 투명한 플라스틱 칸막이를 사이에 두고 만나는 가족의 모습은 처량해 보일 수밖에 없다. 잠시 서로 멍하니 바라보노라면 눈자위가 축축이 젖어 가슴만 더 아프다. 그러다가 면회 제한시간인 10분이 금방 지나 가버려 할 말도 못하고 생이별을 한다. 갇힌 자를 두고 그냥 돌아가는 가족의 발길은 얼마나 무겁고, 가슴은 또 얼마나 쓰라릴까?

구치소에 수감된 사람들에게는 세월이 약이다. 사회에서 술과 담배에 찌들었던 사람들은 저절로 금주 금연을 하게 되어 몸도 좋아지고 얼굴 색깔도 하얗게 변하는 등 살맛을 찾기도 한다.

일본의 작가 모리야히로시森八の広時는

"인생의 열쇠는 후반부에 있고, 후반부의 시작은 40세일 수도, 60세일 수도 있다."

라고 말했다. 수용자들은 잠시 죄를 짓고 고통스런 삶을 살지만 그들은 언젠가 출소한다는 희망과 소망이 있기에 하루 하루를 보낼 수 있다. 그러나 사형수들은(속칭 최고수라고도 함) 그와 같은 희망조차 없지 않은가.

우리나라도 사형 제도를 폐지하자는 운동이 일어 인간의 생명을 존중하는 종교단체와 사형제도 폐지 운동 본부가 연계하여 꾸준히 노력하고 있고, 국회의원들도 이와 관련된 법안을 발의했다.

인간들은 불행의 늪에서 눈물을 짓지만 주님에게 구원을 간절히 간구하면 그 응답은 필연코 있다는 것을 믿기 바란다.

　영어囹圄에 있는 수형인들은 70~80%가 여자문제에 얽키고 설키어 이중의 고통을 겪고 있다. 그들은 인생길을 기쁨과 감사로 위안을 삼아야 조용하고 건강한 생명력으로 생산적 사회 활동을 할 수 있을 것이다. 탈무드에

　"세상에서 가장 행복한 사람은 좋은 아내를 얻은 남자다"라는 말이 있다. 수형인들 대부분이 좋은 아내를 얻지 못하였기에 죄를 짓게 되기도 한다. 그것을 팔자로, 혹은 운명으로 돌리기에는 아쉬움이 있다. 그러나 그것만 탓하지 말고 악처라도 사랑하며, 가르치며 운명을 한번 바꾸어 보자.

　전직 구치소장과 교정국장을 지낸 어떤 분이 자기 저서에서 '대한민국에 정말 평등한 곳이 있다면 교도소'라고 했다. 그분은 '그곳에는 이름도 영치되고, 지위도 영치되고, 돈도 영치된다. 오직 숫자로 찍힌 번호판이 한 사람의 인격을 대표한다.' 라고 서술했다. 과연 그 분의 말대로 그렇게 되었고, 그런 것일까? 그러나 필자가 보기에는 그것은 허사虛辭일 뿐이다. 고위층의 측근자, 국회의원, 재벌회사 회장, 그리고 사회의 유명 인사들은 고래등 같은 사동방에서 온갖 호사를 다 누린다. 그들은 단순히 갇힌 자라는 것 외에는 별다른 제약 없이 일대일의 계호를 받으며 독방에서 생활한다. 그런데도 그렇게 말할 수 있을까?

　좁디 좋은 방, 푹푹 찌는 사방에서 콩나물처럼 지내는 사람들이 있는데도 말이다. 물론 경호문제가 있기에 다소

이해는 가지만 교정기관에서는 깊게 연구해야할 문제가 아닌가 싶다. 법은 만인에게 평등해야 하기에…….

굳이 접견에만 국한된 것은 아니다. 의무의 일반 재소자들의 연출은 어떠한가?

영문학자 권 아무개 씨는 구속 직전 삼성의료원에서 수술예약을 한 상태에서 구속되었다. 그러자 변호사가 의무과의 연출을 강력 요청하여 연출은 되었지만, 의무과 의사 말인즉 '구속 안 되었으면 되지 않느냐' 라는, 상식으로는 도저히 이해가 안 되는 말을 했다. 만약 고위직과 돈을 가진 재벌이라면 그 의사가 그렇게 말을 할 수 없었을 것이다. 몇 일 전 어느 구치소 의무과장이 많은 돈을 받고 어떤 재벌의 허위 진단서를 발급하여 주어 출소케 했다는 말을 듣고 경악을 금치 못했다.

구치소에서는 2,17평에 6명, 어떤 경우는 7명이 함께 수용되어 있어 화장실까지 포함한 평수가 1인당 0.31평이다. 그러하니 그 상황이 어떠할지 한번 상상해보자, 물론 죄를 짓지 않으면 된다. 그러나 사람이기에 실수도 하고 잘못을 저지를 수 있다.

시편기자는 51:2절에서 "나의 죄악을 말갛게 씻기시며 나의 죄를 깨끗이 제하소서."라고 말씀하셨다.

구치소의 생활환경이 열악하니 죄를 짓지 말라는 것은 말하고자 하는 바 본질에서 먼 이야기이겠지만 하여튼 각자 스스로를 사랑하여 죄를 짓지 않기를 바란다.

생명生命에 기적을 주옵소서!

　'생명을 주시는 이도 하나님이시오, 생명을 거두어 가시는 이도 하나님이온데 무엇이 안타까워 이 세상에 미련을 남긴단 말인가?'

　어느 교회 40대 후반의 여자 성도는 알콩달콩 살만하니 그 몹쓸 놈의 암을 선고 받아 오른쪽 옆구리 부분에 호스를 꽂고 하루하루 최선을 다하며 하나님께서 부르실 그날만 기다리며 못다한 믿음 생활에 온 정성을 다하고 있었다.

　"범사에 감사하라."(살전 5:18) 이 말씀을 그저 귓등으로 스쳐 들었을 뿐 신앙생활에 너무도 소홀했고, 그냥 모든 것이 사람의 힘으로만 이루어지는 것으로 생각, 그리스도께 단 한번도 감사함을 드리지 않았다.

　신앙인은 언제나 감사함을 잊지 말아야 한다. 구약성경

욥기서를 보면 욥은 재산과 10남매를 한 순간에 잃어버리자 그 아내가 하나님을 원망과 욕설로 죽어버리라고 저주하였다. 그러나 욥은 결코 하나님을 원망하지 않고 "주시는 자도 하나님이요, 가져 가시는 자도 하나님이시니, 내가 적신으로 왔다가 돌아가겠다"라고 하면서 역경을 대신했다.

생명을 조금만 더 연장해주면 그리스도의 부르심에 따르겠다는 간절한 마음으로 소원하고 못 다한 기도생활을 다시 한다면 그리스도께서는 그 여자 성도를 버리지 않으실 것이다. 그 여자 성도의 병 고침을 위하여 '다니엘 특별 새벽기도회'에서는 전교인들이 합심하여 눈물을 뿌려가며 통성기도로 치유의 은혜를 달라고 소망했다.

우리의 주위에는 사람은 연약한 존재라는 사실을 모르고 자기가 모든 것을 이룩한 양 작은 감사도 모르고 무심히 지나는 성도가 너무도 많다. 그러다가 어떤 고난이 있을 때에서야 비로소 '주옵소서! 주옵소서!' 한다. 그러나 하나님께서는 늦게 회개하는 모든 백성도 용서하시고 따뜻한 품으로 안아주신다. '우리에게 이김을 주시는 하나님께 감사하라' (고전 15:57) 사람들은 병이 든 후에야 죄를 지었거나 잘못한 일을 회개하지만 그러함에도 하나님께서는 용서하시고 놀라운 역사를 주신다.

그리스도!

여자 성도가 악한 마귀의 권세에서 벗어나게 하시고, 그 몹쓸 암에서 탈출하여 하나님의 사랑과 믿음과 소망을 발견하고 아골 골짝에서 광명을 찾아 승리하는 삶을 발견할 수 있도록 은총으로 은혜주실 줄 확신하나이다.

시편 기자는 "여호와께서 자기 백성에게 힘을 주시며 평강의 복을 주시도다."(시편 29:11)라고 말한 바, 무릇 그 여자 성도에게 건강을 회복되는 기쁨을 주시고, 환난 중에도 일용할 양식을 주시고, 신령한 양식도 주실 줄 믿습니다.

주여!
알고 지은 죄, 모르고 지은 죄, 인간의 아둔함을 일깨워 주시고 그 여자 성도의 응답되어지는 기도가 '다니엘 특별새벽기도회'에 성령의 은사를 내려주실 것을 간절히 통회하나이다. 내 하나님이여, 내가 주께 부르짖으며 나를 고치셨나이다. 다윗의 응급을 주실 줄 믿습니다.

하나님께서는 그 여자 성도에게 지금 그 순간 살아 호흡함에 감사함을 느끼게 하시고, 예수님의 감사기도가 오천 명을 배부르게 먹이고도 열두 광주리가 남은 기적이 일어남과 같이 병마를 물리쳐 주시는 놀라운 역사가 임할 줄 믿는다.
암은 곧 죽음이라는 등식이라하지만 그리스도께서는 기적의 치유로 건강을 회복시켜주시고, 불로불로 찬송하게

하실 것이다. 그 여자 성도는 범사에 감사하는 긍정적인
생활로 하나님께서 절망을 희망으로 바꾸어 주시리라 믿
어야 한다. 그리고 '작은 행복'을 순간순간 갖도록 기도에
힘써야 한다.

우리들은 조그마한 경쟁에서도
죽기 아니면 살기식의 막가파식 생존경쟁을 벌인다.
그러나 갈대는 작은 바람이라도 거절하지 않고
몸을 낮추고 각도를 조절한다.
이처럼 나약하면서도 강직한 갈대처럼
영어 생활에서 자포자기하지 말고 마음을 추스려
도약의 계기로 삼아야 한다.

– 〈갈대의 부드러움을 배우자〉 중에서

나는 아무것도 아니다 I am nothing

　실비 내리는 어느 봄날, 열다섯 살, 설매 양은 갑자기 양부모님을 여읜다. 그리고 언니 집에서 소녀기를 보내면서 늘 촉촉이 젖어오는 십자가를 간직하고 그리움과 기다림으로 꿈을 키웠다. 그녀는 음악에 취미가 있어 여학교 때에 교내 음악제에서 몇 차례 입선했다. 그러자 음악을 동경하게 되어 대중음악을 공부했다. 그리하여 기성가수들과 어깨를 나란히 경쟁을 해가며 살았다. 그러나 그녀는 가수로서 한계를 느끼고 결국 좌절하여 자살을 결심, 몇 번인가 결행하고자 했지만 실행에 옮기지는 못했다.

　그녀는 나날을 술과 담배로 불안을 극복하면서 '유민정'이란 이름으로 가수생활을 하는 한편, 음반까지 출시했다. 그리고 〈보내는 마음〉이란 곡으로 방송국을 전전, 나름대로 활동을 했다. 그러나 그녀는 여전히 세파의 늪에 빠져 허우적거리고 있었다. 잠깐 유명세를 타 모여든 이웃들은 소낙비같이 모였다가 하나둘 떠나니 삶에 회의와 처절한 고민을 누가 촌탁忖度 : 남의 마음을 미루어 헤아림할 수 있으랴.

프랑스 철학자 장 자크 루소는 어느 날 자기의 별장으로 친구가 찾아오자 그 친구를 연못가로 안내한 후, 자신이 그 연못에 투신자살하려고 스무번이나 생각했다고 고백하였다. 그 친구가 왜 그렇게 안 했느냐고 묻자 그는 '물이 너무 차가워서' 라고 대답하더란다. 위대한 문호였던 그도 이렇게 몇 번 죽으려고 했지만 번번이 직전에 포기를 한 것은 그리스도를 만나기 위해서 그랬던 것 같다.

그녀는 극도의 신경성 노이로제와 불면증에 시달려야 했다. 급기야 '실어증' 증세까지 겹쳐 어두운 터널을 지나가야 했다. 그런데 1975년, 후배 가수 윤세영 양이 전도하여 서울 영등포 소재 대형교회에 나가 목사님의 설교를 듣게 되었다. 그리고 그 말씀에 매료되어 바로 이것이 참답게 살아가는 사람의 길임을 계시받고 교회에 나가기 시작했다. 그리고 1980년도부터는 그 교회 연예인선교회에 소속되어 하나님 말씀을 전파하기 시작했다. 그 후 은혜를 받아 그리스도의 음성을 듣고 총회 신학대학원에 입학하여 2002년 3월에 졸업했다. 지금은 경기도 성남시에서 개척교회의 목회를 하고 있다. 또한 그리스도께서 그에게 주신 찬양의 달란트로 전국을 순회하며 미 자립 교회 자비량 찬양선교를 하며 노이로제 치료의 은혜를 받고 있단다.

　스페인 작가 그라시아는 "20대는 욕망, 30대는 이해 타산, 40대는 분별력, 그리고 나이를 지나면 지혜로운 경험의 지배를 받는다"고 했다. 그리스도의 말씀에 따라 '소외된 자', '가난한 자', '병든 자' 등으로 구분하고 분별력 있게 목회하고 있다.
　그녀는 신약성경(요한복음 9:17~25절) 말씀과 같이 '속을 볼 줄 아는 눈과 내일을 볼 줄 아는 눈, 진리를 아는 눈과 영을 볼 줄 아는 눈이 열려야 한다'는 말씀을 발견하고 그리스도 말씀을 찬양으로 전파하는데 사명을 다하고 있다. 그리고 마가복음 9:23절의 말씀으로 지금도 '기도와 간구로 이 한 몸 그리스도를 위해 사용 할 것이다' 라고 다짐한다.
　그녀는 자신이 목사로써 정말 부족하다고 생각하고 있나. 그래시 늘 '수피의 성녀 리비아'의 기도를 외운다. "오, 그리스도! 제가 그리스도를 섬김이 지옥의 두려움 때문이라면 저를 지옥에서 불살라 주시고, 낙원의 소망 때문이라면 저를 낙원에서 쫓아 내주소서." 라고.

영면永眠한 동서同棲에게

동서!

37년의 긴 세월 동서로 만났으니 여느 사람들 같으면 이런저런 일로 정도 들었을 테지만 이웃보다도 못하게 늘 마음에 간격을 두고 지내 오다가 지난 2002. 7. 14. 교통사고로 사망했다는 소식을 가족도 아닌 제삼자에게서 간접적으로 전해 듣고 처음에는 그 말을 의심도 했으나 한참만에야 현실임을 인정해야 했습니다.

동서와 나는 늘 동공이곡同工異曲이어서 만나서는 안 될 사람처럼 어쩌다 만나는 것조차 서로 부담을 느꼈었지요. 그런데 지금은 이 세상을 떠나 저승 사람이 되었구려. 내가 왜 평소 동서를 사랑하지 못하고 항상 불가원 불가근으로 지냈는지…….

사는 동안 따뜻한 커피 한 잔 놓고 진지한 대화 한번 없이 이렇게 훌쩍 떠나보내게 되니 더욱 가슴이 아립니다.

동서!

한 형제인 자매를 각각 처로 맞이하였으면서도 서로 따뜻한 마음을 주지 못했습니다. 이를 두고 동서를 원망하기 전에 그리스도인이라고 자처하면서 용서와 사랑을 못한 내가 참 어리석었습니다.

나의 고난으로 2년여 동안 얼굴 한번 보지 못하였고, 바쁘다는 핑계로 만남이 끊기었던 중에 골프를 치고 귀가하다가 경기도 곤지암에서 교통사고로 영면하셨다는 부음을 받고 너무 놀랐지요. 솔직히 처음에는 미움이 앞을 가리었지만 다시 만날 수 없다고 생각하니 목이 메었습니다. 이제 동서가 사랑하고 부양했던 처와 그 가족을 뒤로 하고 영면하시니 말 그대로 영영 볼 수 없는 영원의 이별이 되었구려!

동서!

동서는 평소 왜 그리 이기심이 강하고, 남을 위한 배려가 약했는지……. 지금 생각해도 아타깝기만 합니다.

동서의 부음이 있는 후 친구들과 그리고 주변 사람들의 이런저런 소문이 몹시 듣기 민망스러웠지만 법에서도 많은 잘못을 하고도 죽으면 공소권이 소멸되는 것과 같이 결국 동서는 죽음으로 모두 용서를 받게 되었구려!

　내가 경북 예천에서 공무원 생활로 많은 어려움이 있을 때 서울로 오고자 하는 갈망으로, 그때 동서와 악연이 생겼지요. 그래서 지금까지 마음을 닫고 만나면 만나고, 헤어지면 그만인 그런 처지가 되다가 당신 혼자 훌쩍 떠나니 너무 허망합니다. 나도 처음에는 미웠지만 그 당시 어쩔 수 없는 당신의 입장이었으리라 생각하니 내가 이해하지 못하고 당신을 미워했음에 마음 아픕니다. 더욱이 아쉬운 것은 서로 살아있으면서 회억할 수 있었던 일이 별로 없다는 것입니다.

　추운 겨울임에도 땅속에 계시는 당신!

　부디 모든 것을 잊어버리시고 편안하게, 그곳에서도 한 의사로 치유에 몰두하시면서 인정 베푸는 저승인이 되어, 부디 영면하소서!

청빈淸貧의 삶

　"한 생각 어둡게 가지면 전도顚倒는 그치지 않을 것이며, 한 마음 밝게 가지면 정토의 길이 열려 눈 먼 거북이는 종을 쳐서 천안千眼을 이루고, 앞산 뻐꾸기는 겁외가劫外歌를 부를 것이라."

　법정 스님의 말이다.

　언제부터인가 우리나라 국민들은 탐욕스럽고, 청빈과 사랑을 잊은 채 욕심스레 살아가고 있다. 몹시 안타까운 마음이다.

　성경에서 예수께서는 '마음이 가난한 사람들은 행복하다.(마태복음 5:3)' 하시면서 청빈을 말씀하셨다. 마음이 가난한 예수님께서는 영적으로 영원한 생명과 사랑을 주신다.

　공자께서도 군자식무구포君子食無求飽, 즉 군자는 배불리

먹지 않는다고 하셨다. 덕이 있는 사람은 많이 먹지 않는다. 물질 지상주의다보니 날로 범죄가 늘고 구치소 수형인들도 시도 때도 없이 먹고 마셔대니 청빈이란 찾아 볼 수가 없다.

위정자는 말할 나위 없고, 지성인이나 많이 가진 자들은 나눔이란 잊은 지 오래기에 청빈 생활을 기대하기 어렵다. 특히 종교를 신봉하고 봉사한다는 사람들에게서도 나눔의 사랑을 찾아보기 어렵다. 나눔이 있다면 그 사람은 사랑이 있는 사람이다.

어느 교회 목사는 자기 성도가 교회에서 헌신하고 열심히 봉사하다가 직장에서 잘못되어 구치소에 갔는데 면회를 한 번밖에 가지 않았다. 뿐만 아니라 그 가족에게도 심방을 한 번도 가지 않았다. 그 성도는 그 말을 듣고 목사가 사랑 없이 형식상 목회를 하고 있음에 경악을 금치 못했다. 나눔이 없다면 사랑도 없을 것인데 그동안 교회 강단에서 사랑하고 청빈하라고 설교를 했던 것이 위선이요, 한낮 직업적 행태이지 무엇이겠는가?

자기의 성도가 갇히어 고난을 겪고 있을 때 보살피지 않았다면 목회자로서 무언가 잘못된 것 아닌가?

불교에 빈자일등貧者一燈이란 말이 있다. 가난한 여인의 등불처럼 정성스런 마음으로 등불을 밝혀야 한다는 뜻이다. 이기심으로 뭉쳐진 사람에게는 자비가 들어갈 곳이 없다. 필자는 전동차 안에서 찬송가를 녹음하여 틀면서 따뜻한 손길을 기다리는 사람을 보고도 편견 때문에 동전 몇 개 혹은 지전 한두 장을 헌금하지 못했다. 때문에 청빈의 사랑을 말할 수 없기에 더더욱 청빈의 사랑을 갈구하는 것이다.

우리는 더불어 존재하는 모든 것들을 내 몸과 같이 여기면서 상생하는 삶을 살아야 한다. 전자에 어느 목사 이야기를 했지만 그 교회의 그 성도는 매달 헌금을 월40~50만 원씩을 몇 년간 하다가 그리되었는데 그 목사는 마음의 나눔도 사랑도 없이 이별을 했단다. 그 성도의 가족은 두 칸짜리 월세방으로 떠났다고 했다. 그 이야기를 듣고 마음이 무척 아팠다. 그 성도가 그 많은 돈을 몇 년간 은행에 저축했던들 단 두 칸의 지하 월세방으로 갔겠는가? 그러하건대 그 목사가 좀더 따뜻하고 열린 마음으로 그 가족들에게 위로를 전할 수는 없었을까?

옛사람들은 천둥과 번개 치며 비가 쏟아지는 날이면 제마음을 펼쳐본다고 했다. 벼락이라도 맞을까봐 지은 죄를 헤아리며 하늘을 두려워했다는 이야기다.

우리는 양심을 벗삼아 나누며 사는 보통사람이 되어야 한다.

지자이렴知者利濂이라, 지혜로운 사람은 청렴이 이롭다는 것을 안다.

노숙자露宿者

　인생에 허송하는 사람들은 '아침에는 늦잠 자고, 낮에는 술 마시고, 밤에는 잠만 잔다.'고 한다. 노숙자란 거리에서 잠을 자는 사람을 말한다. 서울역이나 강남 고속버스 터미널에 가보면 노숙자들을 흔하게 볼 수 있다. 그런데 그 노숙자들은 새벽에 버스를 대기시켜 놓고 일꾼을 모아도 그 버스에 타는 사람이 그리 많지 않다고 한다.

　우리나라에 노숙자가 가장 많았을 때는 1998년 IMF 경제위기 직후인 8월경으로 서울지역만 2,400명이었다고 한다. 그런데 그들은 왜 일하기 싫은 것인지? 열심히 일해서 돈 모아 봤자 잘살기는 글렀다고 자포자기하기 때문일까? 각 기관이나 종교단체에서 무료급식을 할 경우 몇백 명씩 줄을 서 있는 것을 누구나 쉽게 볼 수 있다.

강남 고속버스 터미널 안에서도 호남, 경부선 대합실별로 노숙자가 갈린다니 이 또한 부끄러운 일이다.

경부선 대합실에서 상주하는 노숙자 박씨는 낮에는 지하철 2호선을 타고 무작정 자리를 차지하고 눕는단다. 그리하면 그 옆 1m거리에는 승객들이 접근을 하지 않으므로 아주 편안하게 쉴 수 있다는 것이다. 밤 8시부터는 구걸식사를 하고 터미널 지하실에서 잠을 자던가 아니면 여름에는 대합실에서 잠을 자 돈이 필요 없는데 왜 세상 사람들은 돈을 벌기 위해 갖은 고생을 하고 사는지 이해가 되지 않는다고 말한다.

노숙자들은 각 단체에서 밥을 주어 잘 먹고, 계절따라 전동차 안에서 쉬므로 살아가는데 큰 불편이 없다고 한다. 그들은 소망도 절망도 없이 들개처럼 살면 편리한데 왜 시기하고 질투하며 사느냐고 오히려 정상적인 사람에게 질문을 던진다.

노숙인들은 하절기인 5월부터는 증가하다가 8월쯤에는 구치소에 들어오는 범범자들이 많아진다.

2003. 9. 9. 현재 노숙자의 현황을 보면 희망의 집 1,781명, 자유의 집 367명, 구걸노숙 557명, 숲 가꾸기 99명, 자활의 집 195명으로 되어 있지만 통계에 누락된 사람도 꽤 있을 것으로 추정된다. 그리고 2004. 1월초 전국의 노숙자가 약 3,500명이라고 발표된 것을 보았다.

그런데 종교단체나 다른 기관에서 이들을 도와주고자

할 경우 정말 도와주어야 할 사람인지 여러 가지 정황을 파악하여 범죄에 이용되는 일이 없도록 주의할 필요가 있다. 한 예로 어떤 30대 후반의 젊은 청년은 서울역에서 노숙하다 날씨가 추워지자 맥주 2박스를 훔치고 S구치소에 수감되었다. 그는 시간 되면 밥 주고 운동시켜주며 각종 편의를 제공해주니 추운 날씨에 고생할 필요 없이 겨울 한철 보내고 봄날에 출소, 노숙하는 것이 좋다고 고백했다. 그에 의하면 노숙자 동료들이 다수 구치소에 수감되어 있다고 한다.

그러나 노숙자들은 주소부정으로 재판을 받으면 1년 미만의 형을 받게 되고 항소하지 않으면 교도소로 이송된다고 한다. 그렇다면 재판부에서는 주소부정의 이유만으로 실형을 선고하지 말고 좀더 생산적인 재판을 해야 한다는 것이 일반수들의 항변으로, 연구해야 할 문제인 것 같다. 노숙자라 하면 주거 부정자와 거리 노숙자, 시설 노숙자를 말한다.

일하는 자는 대접받고, 빈둥빈둥 노는 사람은 푸대접받는 사회가 바람직한 사회다. 일일부작 일일불식日日不作 一日不食 : 하루일하지 않으면 하루 먹지 않는다란 말이 있듯이 놀지 말고 이마에 땀을 흘리면서 부지런히 일하는 사회를 만들어야 한다. 이 모두가 국가의 책임이요, 경제인들의 잘못도 있다. 부지런한 손은 축복받은 손이다.

러시아 문호 톨스토이의 《이방의 바보》에는 이상적인

가치관과 바람직한 생활 철학이 그려져 있다. 부지런히 일을 해서 손에 굳은 살이 박힌 사람은 식탁의 제일 상석에 앉아서 따뜻한 밥을 남보다 먼저 먹을 수 있지만 빈둥빈둥 놀아서 손에 굳은 살이 박히지 않은 사람은 식탁의 제일 말단에 앉아서 남이 먹다 남은 찌꺼기 잔밥을 맨 나중에 먹어야 한다.

나태는 불행하다.

행복론으로 유명한 힐티는 나태함 속에 행복은 없다고 했으며 잠언서 10:4절에 '손을 게으르게 놀리는 자는 가난하게 되고 손이 부지런한 자는 부하게 된다'고 하였다. 또 잠언서 12:27절에서는 '게으른 자는 잡을 수 있는 것도 사냥하지 아니 하나니, 사람의 부귀는 부지런한 것이다'고 말씀하셨다. 그리고 성경에 '일하기 싫으면 먹지도 말라'고 하지 않았던가.

불교의 붓다를 보면 여러분이 해야 할 일은 자신의 일을 찾아내는 것이며, 그런 다음 모든 일을 다해 여러분 자신을 그 일에 바치라고 했다.

일에는 목적, 지구력, 인내가 필요한데 노숙자들에게는 이런 것이 없기에 일을 하지 않고 있다. 사회안전망社會安全網 Social Safaty Net 제도에 개인이 직장을 잃고 실업자가 된 뒤 다시 직장을 얻으려고 노력하는 대신 노숙자 같은 사회 무기력층이 되는 것을 막기 위해 정부가 최소한의 생계를 유지할 수 있도록 해주는 제도가 있음에도 이런 좋은 제도를 잘 활용하지 못하고 있어 아쉽다.

게으름을 피우다 보면 의타심이 생기고 모든 동작이 느려빠지게 된다.

게으름은 인생에서 최대의 악이다. 사전적 의미의 게으름은 일하기 싫어하는 성미나 버릇을 말한다. 그리고 게으른 무리들은 '게으름뱅이' 또는 '게으름쟁이' 이라고 한다.

분명 노숙자도 게으름쟁이들이지만 밥 먹듯 죄를 짓고 구치소, 교도소를 자기 집 들어 다니듯하는 사람들도 노숙자와 진배 없다. 이런 전과자들은 어떤 면에서 교정하기가 너무 어렵다. 습관적으로 며칠씩 세면을 않고, 심지어 양치질도 뒤늦게 하는 등 지각이 있는 성인으로서는 도저히 납득하기 어려운 행동을 한다.

화란의 수학자, 철학자, 사회평론가, 문필가, 문명비평가인 러셀은 자서전에서 "나는 일을 하다가 죽고 싶다"라고 했다. 그는 간소한 생활을 한 사람으로 더욱 유명하다. 불교의 증일아함갱제20성문품에 '먼저 괴로운 것은 뒤에는 즐겁고, 아침 일찍 일어나는 것은 괴로우나 뒤에는 보람이 있다.' 고 했다.

필자는 노숙자를 환란새로 비유하고 싶다. 환란새는 히말리야 산의 새로, 둥지도 없이 산다. 그러기에 추운 밤이면 추위에 떨며 밤을 지샌다. 그러면서 다음 날에는 둥지를 만들겠다고 굳게 결심했다가 다음날에는 하루 종일 놀고 나서 밤이 되면 또다시 똑같은 후회를 한다. 아마 노숙자들 대부분이 그럴 것이다.

게으름과 나태, 연약함의 올무에서 벗어나게 해주는 것이 있다. 아담은 놀고 지내던 동산에서 쫓겨나면서 "너의 얼굴에 땀이 흘러야 식물을 먹으리라." 하고 경고의 말씀을 350회나 들었다. 일하라! 이것은 성공을 위한 첫 번째 명령이다.

60년대 농촌의 풍경을 상상해 보자. 농촌의 농부들은 동이 트기 전부터 열심히 농사일을 돌보아 풍요한 삶을 영위하지 않았던가? 이것이 우리들의 삶인데 노숙자들은 일하기 싫어하고 게으름만 피우니 한평생 참혹할 뿐이다.

미국의 위대한 철강왕 찰스M 슈와브는 성공의 십계명에서 "열심히 일하라, 열심히 일하는 것은 인간이 할 수 있는 최상의 투자다." 라고 했다. 그렇다면 무위도식인無爲徒食人 : 노숙자은 슬픈 사람이다. 그러기에 잠언서에 '게으른 자는 그 손으로 그릇을 잡고도 입까지 올리기를 괴로워한다.'고 했다.

영국의 목사이며 문학가인 킹슬리는 아침마다 일어나면 일할 수 있음을 감사하며 다음과 같이 말했다. "그대는 매일 싫든 좋든 해야 할 일거리가 있음에 대하여 항상 하나님께 감사하라, 어쩔 수 없이 일을 해야 할지라도 그대 속에서는 절제와 극기, 근면과 의지력, 유쾌한 만족, 그리고 게으름뱅이가 알지 못하는 백 가지의 미덕을 얻는다."고.

사람은 긍정적이고 욕망이 있을 때 일거리를 찾게 되고

가장 활발하다고 하는데 노숙자들에게는 그런 것이 없다.

　잠언서에 '게으르지 마라, 개미에게서 배우라.' 라는 가르침이 있다. 하나님께서는 누구에게나 시간을 공평하게 주셨음에도 노숙자들은 멀쩡한 사지로 일하기를 싫어하고 종교단체나 복지관들의 도움에 의존하여 거저먹고 있다. 그러지 말고 땀 흘려 참 소망을 찾아야 한다. 그래서 최선의 노력으로 먹고살고 이웃에 봉사도 하며 살아야 한다.
　로마서 12:11~13절에 '게으름은 악이다.' 라는 말씀이 있다. 부지런하면 순수한 마음과 건강, 행복과 충만함을 지킬 수 있다고 했다.
　또한 의사들은 '우리가 앓고 있는 병은 75%가 게을러서 생긴 병이다.' 라고 지적하고 있다. 사도바울은 로마서 12:11절에서 '부지런하여 게으르지 말고 열심을 품고 주를 섬기라.' 라고 했다. 프로 골퍼는 경기가 있든 없든 맹연습을 하는데 근육이 가지는 기억력이 72시간 밖에 안 가기 때문이라고 한다.
　유명한 음악가 루빈스타인은 "하루를 연습하지 않으면 자기 자신이 알고, 이틀을 연습하지 아니하면 평론가가 알고, 사흘을 연습하지 아니하면 청중이 안다"고 했다. 그는 그렇게 매일 하루에 다섯시간씩 계속 연습을 했다.
　게으름의 특성은 에스칼레이팅Escalating을 한다. 즉 게으름은 상승작용을 해서 점점 더 게을러진다는 것이다.
　템플대학의 러셀콘웰 박사는 4,000명의 백만장자를 연구분석한 바 세 가지 특징을 발견했다. 그 첫째가 뚜렷한 목적을 가지고 산다는 것이요, 둘째로 열심히 산다는 것이며, 마지막으로 다른 사람을 탓하지 않는다는 것이다.

신은 모든 새에게 먹이를 주지만 둥지 안에 던져 넣어 주지는 않는다. 게으름의 끝에는 후회만 남는다.

제야의 종소리

　연말이면 명동에는 구세군 자선냄비의 종소리가 울린다. 이 무렵이면 겨울나무의 나이테는 어디쯤 와 있는지, 이해가 가기 전에 정리해야 일을 챙기면서 성서의 전도서 1장에 '헛되고 헛되니'라는 말씀을 붙잡고 기도한다.

　갑자기 서산대사의 선시禪詩가 생각난다.

　눈 덮인 들판을 갈 때 / 어지러이 걷지 말라 / 오늘 내 발자국 / 뒷사람들이 보고 따라올지니 / (踏雪夜中去 不須胡亂行 今日我行積 遂作後人程)

　2003년의 마지막 자정.

　한해를 정리하고 못다한 숙제를 마무리해야 할 시간이다. 이 한해를 보내면서 시간의 가치를 다시 한번 생각해 보자.

　돈이 많은 어떤 사람이 8시간 후면 죽는다는 것을 알고 의사에게 전 재산을 다 줄 테니 하루만 더 살게 해달라고 애원했다. 그러나 그가 뜻대로 하루를 더 살았을까? 그리고 보면 시간이 얼마나 소중한가? 우리는 평소 이 귀중한 시간을 잘 이용하여 후회 없는 삶이 되도록 최선을 다해야 한다. 그렇다고 지나간 시간을 붙잡고 어떻게 하겠는가? 오늘 나에게 주어진 시간을 잘 요리해야 한다.

　다사다난 했던 긴 터널을 지나오는 동안, 자신의 부족함은 알지 못하고 다른 사람의 허물만 탓하며 미워했던 한 해였다. 겉으로는 기독교인으로 남이 보고 있을 때에는 착하고 반듯한 양, 위선으로 점철되어 있었던 점 고백한다. 동전의 앞과 뒷면 같은 이율배반의 성격으로 많은 죄를 저질렀음을 정말 부끄럽게 생각하며 반성하고 후회하면서 새해에는 신앙인으로 옳게 살 것을 다짐한다.

　혹시 나로 인하여 이웃과 친척들에게 아픔은 없었는지 엄숙하게 성찰한다. 그리고 나도 모르게 나약하고, 속이 좁고, 비겁함과, 속인으로 쏟아 놓지 못한 것들이 있었다면 용서를 구한다.

그리스도!

이 한 해가 지나고 새해를 맞이합니다.

예컨데 모든 죄를 용서하시고, 은총 내려 주실 줄 확신합니다.

흰 눈이 소복히 내려 우리들의 추한 모습들을 덮어 가

리듯 우리의 마음도 덮어 허물을 지워버릴 수 있다면 얼마나 좋겠습니까.

시간의 구름다리 위에서 너그러이 용서하시옵소서.

그리스도께 매달려 시간의 구름다리를 건너가겠습니다. 흰 눈처럼 뿌려지는 제야의 밤, 일평생 이날이 오지 않을진대 사람답게 살아 그리스도께 영광 돌리는 귀한 백성 되게 축복 내려주실 줄 믿습니다. 아멘!

우리들, 이렇게 간절하게 기도하자.

지금은 비록 연약하고 볼품 없지만 그리스도를 섬김에서 더욱 놀라운 기적의 역사와 은혜를 맛 볼 수 있을 줄 믿는다.

좌절挫折의 길목에서

누가복음 17:33절에 "무릇 자기 목숨을 보존하고자 하는 자는 잃을 것이요, 버리는 자는 살리라"라는 말씀이 있다. 아름다운 꽃도 마음에 따라 다르게 아름답게 보이기도 하고 아프게 보이기도 한다.

우리는 좌절과 슬픔이 몰려 올 때면 침묵하기 마련이고, 실망의 늪에 빠진다. 그럴때면 우리는 그리스도를 믿고 눈물의 기도로 하나님을 의지하고, 소망을 소유하는 사람이 되어야 한다.

믿는 사람이든 믿지 않는 사람이든 은혜恩惠에 인색하지 않을 것인즉 그 은혜란 무엇인가? 루이스 C.S.Lewis는 말하기를 "만나지 못한 꽃송이의 향기, 들어보지 못한 곡조의 메아리, 밟아 보지 못한 나라의 소식을 향한 깊은 갈망

을 일깨워 주는 것은 바로 은혜의 물방울이다"라고 하였
다.

칼날 같은 바람이 부는 추운 겨울 밤, 어둠이 깔리는 초
저녁 희미한 가로등 밑에서 젊은 부부가 군고구마를 부지
런히 굽고 있었다. 그러면서 그들은 이따금 잔잔한 웃음을
주고 받았다. 아아! 그 모습이 어찌나 아름답던지……! 나
는 추운 것도 잊어버리고 한참을 바라보면서 저것이 행복
으로 가는 관문이라고 느꼈다. 같은 무렵, 술이 거나하게
취한 노신사가 무럭무럭 김이 나는 고구마 한 봉지를 사
들고 콧노래를 부르며 가족에게 가는 그 모습 또한 아름
답다.

사람이 죄를 짓는 만큼 그 값을 따져 벌을 받는다면 어
느 누구도 살아남지 못할 지도 모른다. 그러나 하나님은
죄 사함으로 늘 돌보아 주시고 지금도 돌아오기를 기다리
신다. 그리고 탕자로 죄를 저지르는 자가 있으면 채찍으로
은혜를 내리신다.

하나님의 은혜는 사람의 마음속에서 소리 없이 작용하
여 그 사람의 내면세계와 삶을 놀랍게 변화시킨다. 은혜는
특별한 사람에게만 베푸시는 것이 아니라 신분의 고하를
막론하고 모두에게 내리는 하나님의 은총이다.

자유가 얼마나 소중한가? 죄를 짓고 구치소, 교도소에
구속돼 영어囹圄의 몸이 되어 보라, 흑인 연가 중에 "오~
자유, 오~자유, 나는 자유하리라…… 자유 주시는 내 그
리스도께"라는 곡이 있다.

죄罪를 사전에서 보면 '도덕이나 종교, 법률 등에 어긋나는 행위'라고 되어 있다. 갑작스럽게 경찰서, 구치소, 교도소 등에 구류되어 자유를 빼앗겼을 때에는 편안할 날이 없는 음침한 골짝에서 좌절과 눈물을 흘리며 몸부림칠 것이다. 그러나 예수님은 포로된 자를 자유케 해주신다. 우리는 죄와 싸워 이길 수 없으며, 오직 그리스도만이 자유롭게 해주실 수 있다.

미국 닉슨 대통령의 특별 보좌관이었던 찰스 콜슨은 인정 없는 모사꾼이었다. 그는 워터케이트 사건으로 징역을 살게 되어 교도소에 수감되는 신세가 되고, 그곳에서 예수 그리스도를 만나 눈을 뜨게 되었다. 그리고 자신의 '간증집'인 《거듭남Born - again》을 쓰고 세계적인 선교사로 삶을 살며 권력의 욕심에서 벗어났다.

은혜로부터 눈을 뜬 사람은 자유라는 말씀을 영혼에 새길 수 있다. 따라서 세상으로부터 자신을 자유케 되며, 하나님께서 주시는 생명의 말씀과 복된 삶을 살게 된다.

겸손하지 못하는 사람은 구름이 부딪치면 비가 되고, 말이 부딪치면 싸움이 된다는 간단한 진리를 깨닫지 못하고 죄를 짓는다. 거울에 비친 내 얼굴이 마치 넓은 공간과 긴 시간 너머에 있는 다른 사람처럼 느끼는 것이 죄가 되는 것임을 알고 눈물로 간구하고, 나를 죽이는 참음이 있어야 한다. 아침에 일어나면 가슴 속에서 끓어오르는 믿음이 있어야 한다.

인간이란 거짓투성이인데도 자기들이 모든 선을 대표하

는 양 이중적 마음을 가지고 사람을 대하니, 고통이 엄습할 수밖에 없다.

우리들은 오래된 사진첩에서 자신의 초등학교 학생 시절의 모습을 본다. 시간은 열정을 가져가기도 하지만 순수한 통찰력을 갖기도 한다.

시간은 아름다움을 사랑하지 않는다. 그리고 인생은 시끄럽게 덜컹대며 아주 빠르게 지나간다. 인생을 사랑하는 자에겐 행복이 빛날 것이다. 그러니 자신을 학대하지 말고 사랑하자. 수형인들은 불행을 영원히 헤어날 수 없는 것처럼 여겨 자포자기하며, 자기학대로 자신을 파멸로 치닫게 하지만 언제, 어떤 일이 있을지 아무도 예측할 수 없는 것이다. 그러니 다음에 일어날 변화를 예측하여 대비하면서 오늘에 충실하자. 또 죄에서 벗어나는 길은 오직 하나님의 말씀대로 사는 것이니, 그 길만이 위기에서 탈출할 수 있다.

W.셰익스피어는 '걱정은 인생의 적이다' 라고 했다. 오늘 일은 오늘 일로 족한 것이며, 늘 그리스도와 동행하고 있음을 확신하라.

수형인들이여! 그대들은 '나는 틀렸어, 나는 헤어날 수 없어' 하고 자포자기하면서 실패한 사람으로 자학하지만, 중요한 것은 마지막에 성공을 하느냐에 달린 것이다. 성경에도 늦게 믿은 자가 우뚝 선다고 하지 않았던가.

성공이란 글자를 현미경으로 들여다보면 그 속에는 작은 실패가 수없이 많이 들어 있다. 실패를 일백 번 하더라도 성공을 하게 되면 그 실패는 이미 현미경으로 보아야만 보일정도로 작은 것이 되고 만다.

미국 출신 세계 헤비급 챔피언에 오른 조지 포먼은 “인생은 권투시합과 같다. 인생의 링에서 쓰러졌을 때 당당하게 일어서라. 그리고 과거의 실패에서 배우되 과거의 노예는 되지 말라.”고 했다. 또한 포로수용소에 갇힌 한 미군 병사는 가상 필드에서 매일 상상 속의 라운딩을 하며 힘을 길렀다고 한다.

스스로 목표를 세우고 비전을 만들어 가는 한 분명 수형인들에게도 비전이 있다. 부도난 기업체 사장이 “나에게도 또 하나의 기회가 올 것”이라는 암시를 하루에 수백 번 되뇌이며 노력한 결과 재기에 성공했다는 이야기도 있다.

죄를 짓고 영어囹圄에 있는 사람들이여! 모질게 부는 바람도 한나절 다하지 못하고, 대지에 내리치는 소낙비도 하루를 다하지 못한다는 것을 명심하고, 좌절하지 말고 인생을 쉽게 포기하지 말 것을 당부한다.

탈무드에 있는 “만일 두 다리가 잘렸으면 하나님께 목이 부러지지 않은 것을 감사하라. 만일 목이 부러져 버렸으면 그 뒤는 걱정 할 일이 없다.” 라는 말을 각인하고, 범사에 감사하며 오직 주께 의지하라.

지나가는 세월을 안타까워하지 말고, 그 속에서 그 무엇인가 생의 보람을 찾는 것이 자신을 발견하는 것이다. 절망의 밑바닥을 청산하고 내면의 행복을 발견할 때, 사람이

사는 보람도 있고 아픔의 희열도 느낄 것이기 때문에, 늦게라도 운명을 바꾸는 계기로 삼고, 우리를 일깨워 주신 그리스도께 감사함을 가져야 한다. 하늘의 뜻을 밝혀 다시여미며 바르게 살자고 하는 의지가 건강할 때 우리들은 지탱할 수 있다. 사람이기에 욕망의 늪에 헛디디기도 하고, 지는 것이 이기는 길이라고 타협도 하면서 살아봄직도 한데, 혈기가 있으니 그 때문에 그리 쉽게 타협이 되겠는가? 그러나 큰 좌절이 있다 해도 몇 번이고 자신을 반추하며, 인내로 그리스도의 영적 승화에 의지하고, 추스려야 한다.

갈대와 바람의 만남

대학병원 앞마당에 마치 주홍색의 커다란 양탄자를 깔아 놓은 듯 예쁘게 피어 있는 샐비어 꽃이 눈부시다. 들깨잎을 닮았다고 하여 어렸을 적에는 '들깨꽃'이라고 불렀다. 샐비어의 아름다운 모습을 바라보고 있으려니 불현듯 바로 위의 누나가 생각이 난다. 이 꽃을 몹시 좋아했던 까닭이다.

꽃처럼 예쁜 영남이 누나.

나보다 두 살 많은 누나는 초등학교 시절 꽃을 가꾸는 일에 열정적이어서 친구들과 함께 학교의 넓은 화단을 여러 종류의 꽃으로 장식했다. 분꽃, 맨드라미, 채송화, 봉숭아, 난초, 해바라기, 나팔꽃, 샐비어…….

유난히 화단이 많았던 우리 학교는 봄부터 가을까지 형

형색색의 꽃이 우리들의 마음을 포근하게 해 주었다.

60대 후반의 누나에게 나는 여태껏 빚을 지고 있다는 마음을 떨쳐버리지 못하고 있다. 형과 나 사이에 마치 샌드위치처럼 끼어 있는 누나는 60년대의 넉넉하지 못했던 형편 때문에 하고 싶었던 공부를 제대로 할 수 없었다. 세월이 흐를수록 미안함의 수준을 넘어 안타깝고 마음이 아프다.

남달리 총명하고 매사에 적극적이었던 누나는 초등학교 6학년 때 전교 어린이회 부회장에 당선되어 공부는 물론이거니와 학교 일에도 열성적이었다. 내가 잘 모르는 문제가 있을 때 누나에게 물어보면 거침없이 대답해 주었고, 공부하는 방법도 자세하게 가르쳐 주었다.

운동에도 재능이 있어 핸드볼과 육상선수로 활약했다. 장대비가 퍼붓는 가운데 열렸던 초등학교 대항 핸드볼 대회에서 열심히 뛰던 누나의 모습이 눈에 선하다. 한없이 자랑스러웠던 기억이 가슴 가득 밀려온다. 6학년 때 담임 선생님은 반에서 1,2등을 다투는 내게 '누나만큼만 해라. 너의 누난 하나를 가르쳐주면 둘, 셋을 알았는데……' 라는 말을 곧잘 하셨다.

인근에 있는 사립중학교는 입학성적이 5등 안에 들어야 장학금을 받을 수 있었다. 아버지는 누나에게 장학생이 되어야 중학교에 보내주겠다고 하셨다. 누나는 보기 좋게 수석으로 합격했다. '하늘은 스스로 돕는 자를 돕는다' 는 유명한 말을 써서 책상 앞 벽에 붙여 놓고 공부한 얘기가 오랫동안 후배들의 입에 오르내렸다.

지금도 우리 친구들이나 1년 선배들을 만나면 누나의 안부를 묻곤 한다. 입담이 센 동창생들은 "너의 누나가 너보다 공부도 잘하고, 성격도 시원시원했지. 너 때문에 누나가 피해를 입은 거야."라고 말한다. 나는 동의한다는 뜻으로 고개를 끄덕인다.

어린이들을 좋아해 교사나 아동심리학자가 꿈이었던 누나는 그 소망을 이루지 못해 한 때는 방황하기도 했다. 결혼 전까지만 해도 신문에 소개되는 '성공한 사람들의 이야기'를 보면서 의욕을 불태우기도 했지만 현실은 너그럽게 편을 들어주지 않았다.

나는 그것을 지켜보며 안쓰러움이 분수처럼 펑펑 솟구쳐 올랐다. 누나의 능력이나 재능으로 보아 얼마든지 좋은 결실을 거둘 수 있었으리라는 확신이 들었기 때문이다. 내 밑으로는 동생들이 셋이 있고, 그 당시만 해도 공부에 전념할 수 있는 여건을 갖추기가 어려웠던 것이 사실이지만, 마음 한 모퉁이에 남아 있는 아쉬움은 쉽사리 가시질 않는다.

지금은 1남 2녀의 어머니로, 한 남자의 아내로 행복한 생활을 하고 있는 누나의 삶이 좀 더 밝고 화려하게 채색되기를 바라는 마음 간절하다.

역경을 헤치고 꽤 높은 지위까지 오른 어느 50대 여성의 성공한 이야기나, 남자 못지 않는 능력을 발휘하며 주목받는 이른 바 커리어 우먼들의 이야기를 여성지를 통해

읽을 때면 콧등이 시큰해지면서 '누나도 이렇게 되었으면 얼마나 좋을까……' 하는 생각이 든다.

위암 때문에 수술을 받은 초등학교 동창생을 위문하고 나오는 발걸음이 무거워 샐비어꽃이 만발한 화단으로 눈길을 돌렸다. 초여름의 싱그런 햇살을 받아 넓은 꽃밭은 아름답게 빛났다.

누나를 많이 닮은 숙경이의 아름다운 모습을 하루빨리 볼 수 있게 되었으면 하고 간절히 기도를 드렸다. 병상에 누워있는 그녀도 내게 누나의 안부를 물었다. "누나는 공부도 잘했고, 마음씨도 고왔는데…… 누나에게 잘 해줘." 아픔을 애써 참으며 옛 추억을 떠올리는 모습이 너무 애처로웠다. 언젠가 누나도 숙경이의 근황을 물은 적이 있었기에 나도 모르게 눈시울이 뜨거워졌다.

누구보다도 열심히, 성실하게 살아온 동창생이건만 그녀 역시 충분한 뒷받침만 있었더라면 그냥 평범한 주부로 머무르지 않았으리라는 믿음이 오늘따라 화강석처럼 단단하기만 하다. 하얀 모자를 쓴 머리 위에 걸려 있던 여러 개의 큼직한 링거택이 자꾸만 눈에 아른거린다.

어려웠던 지난 시절을 헤쳐 온 40대 이상의 사람들에겐 누나처럼 하고 싶었던 공부와 희망을 펼치지 못한 채 꿈을 접었던 사람들이 이루 헤아릴 수 없을 것이다. 그러나 모두들 마음속에 그 아쉬움과 한을 꼭꼭 숨겨 놓은 채 묵묵히 성실한 삶을 살고 있을 것이다.

재능을 맘껏 발휘하지 못한 마지막 희생의 세대, 불운한 세대라는 사실만이라도 사회가, 후배들이, 자녀들이 알아주었으면 좋겠다는 생각이 파도처럼 밀려온다.

6월의 강렬한 태양에 샐비어는 눈이 아리도록 빛나고 있다. 수수하지만 당당하고 자신감 넘치는 모습으로 사람들의 시선을 잡아당기는 자세가 너무도 대견스럽다.

돌팔이 의사

구약성경 욥기서 13:4절에서 환자를 위해 취해야 할 조치를 알지 못하는 의사를 돌팔이 의사라고 말씀하고 계신다.

지루한 장마가 끝나고 10년만의 불볕더위가 기승을 부리기 시작했다. 심한 열대야로 밤잠을 설치는 날이면 일상생활을 훨훨 털어버리고 어디론가 떠나고 싶다. 따뜻한 가족애를 느끼며 생활의 먼지를 털어내고 아름다운 산과 바다에서 자아自我를 찾고 싶은 것이다.

치아齒牙는 오복五福 중의 오복이라고 했다. 평소 치아 관리를 소홀히 하여 고통을 받던 이순耳順의 노신사가 5일장이 열리는 경기도xx시xx동xx4거리에 위치한 xx치과를 찾았다. 오전 이른 시각이어서 의사는 아직 출근 전이고 간호사 2명이 있었다. 노신사가 들어가자 마치 매가 새를 채듯이 그를 끌어다가 의자에 눕게 하더니 자기들 마음대로 의사의 진단도 없이 X-레이 촬영을 했다. 그런데 실수가 있었던지 2, 3회 더 촬영했다. 그리고 환자가 자리에 눕기 무섭게 권투선수처럼 거무스레한 의사가 환자의 의견을 듣지도 않고 치아 부근에 신경을 죽이는 주사를 놓았다. 그리고는 마치 소를 잡는 도축장의 도축인인 양 쇠줄로 치아를 갈더니 그곳에 고약한 약품을 넣었다.

그리고 다시 2차 진료로 환자의 아픈 부분에 대한 설명도 듣지 않고 혼잣말로 "염증이 있구만……." 중얼거리면서 또다시 아프지도 않은 치아를 쇠줄로 갈았다. 견디다 못한 환자가 아픔을 호소했지만 듣는둥마는둥 여전히 갈기를 계속했다. 환자는 끝내 아픔을 감내하기가 어려워 치료를 받을 수 없으니 멈추어 달라고 호소했다.

초진시 신경 죽이는 약품을 넣었는데 그 약 냄새가 먼 거리까지 풍겨 옆 사람에게 불쾌감을 주고, 환자 본인에게는 두통이 심했다. 그래서 대학병원에 상담한 바 그런 신경치료약품은 80년대 후반에 사용했던 약품이라고 했다. 이러한 사실을 제시하면서 항의하자 40대로 보이는 치과의사는 손가락질하며 그 노신사에게 "내가 의사지 당신이 의사냐?"는 등의 폭언을 했고, 그 환자도 돌팔이 의사라고 맞받아쳐 상호간에 실랑이로 추태가 있었다.

몇 년전 SIDEX 학회에서 싱가포르 최대의 치과 병원 테이엔 파트러스Tay & Partners 원장인 피터테이Peter Tay

는 "매년 전세계에서 치과의사는 많이 배출된다. 하지만 좋은 의사는 항상 드물다."라고 했다.

〈히포크라테스 선서〉에 '이제 의업에 종사할 허락을 받음에 / 나의 양심과 위엄으로서 의술을 베풀겠노라 / 중략. 오직 환자에 대한 나의 의무를 지키겠노라 /……' 후략.

그리고 끝으로 '이상의 서약을 나의 자유 의사로 명예를 받들어 하노라.' 라고 선서를 했다면 그 선서대로 행하는 치과의사가 되어야 할 것이다.

그 의사는 평소 '의사'란 직업을 망각하고 오직 치과 '영업'에만 급급한 나머지 하지 않아도 될 X-레이 촬영을 했다. 또 오진에 반복된 X-레이를 찍어야하는 누를 범했다. 의사는 우선 자신의 잘못을 발견했으면 분명 사과하는 겸손과 미덕이 있어야 한다. 그 의사는 환자들의 지적이 없는 것을 마치 자신의 과실이 없는 것으로 착각하고, 환자들에게 이중 삼중으로 고통을 준 것이다.

이번의 과오를 타산지석의 교훈으로 보아야 할 것이다. 그 치과 이름을 'xx치과'라 했다면 그 이름답게 환자들에게 사랑받는 치과의사가 되어 주길 바란다.

그 의사의 말인즉 약국의 조제 때문에 통증이 야기되었다는 이야기인데 환자의 판단으로는 그 치과의사가 오진하고 있음이 분명해 보였다. 물론 대부분 훌륭한 치과의사들이지만 이와 같은 소수의 치과의사가 있기에 욕을 먹는 것이다.

그 환자인 노신사는 종교인으로서 그 치과의사를 용서

하고 사랑한다는 기도를 하며 부디 히포크라테스의 선서대로 환자를 진심으로 치료해주길 바란다고 했다. 또한 선서가 아니더라도 아름다웠던 유년시절 양심이 살아나길 기대한다.

'의사윤리선언' 내용을 보면 의사가 행하여야 할 태도에 대해서도 자세하게 언급하고 있다. "우리 의사는 사람의 고귀한 생명과 건강을 보전하고 증진하는 숭고한 사명을 인류와 국민으로부터 부여 받았다. 이에 우리는 의사 본연의 수행을 삶의 본분으로 삼아, 서로 신뢰하고 사랑하는 환자와 의사 관계를 이루기 위하여 최선을 다하며…… 등등으로 의업의 존재 의미와 의사의 존엄성을 확립할 것을 인류와 국민 앞에 엄숙히 선언한다."

미국 노스웨스턴 대학교 켈러그 경영대학원의 석좌교수인 필립 코틀러Philip Kotler는 "마케팅은 사냥이 아니라 일종의 경작이다. 다시말해 우량한 고객을 찾아내고, 유지하며, 키우는 제반 활동이 마케팅인 것이다."라고 했다.

이제는 치과의사도 위와 같은 미래형 마케팅에 "변화지 않으면 죽는다."라는 냉혹한 현실을 직시해야 한다.

구속拘束과 구속救贖, 그리고 은총恩寵

사전적 의미로 구속영장拘束令狀의 구속은 '마음대로 못하게 얽어 맴' 이라고 풀이하고 있다. 형사 소송법에서는 피의자나 피고인을 구금 또는 구인하는 강제처분을 말한다. 법 제70조를 보면 법원은 피고인이 죄를 범하였다고 의심할 만한 상당한 이유가 있는 경우에는 피고인을 구속할 수 있다고 명시하고 있다. 사유는 피고인이 일정한 주거가 없는 때, 피고인이 증거를 인멸할 염려가 있는 때, 피고인이 도망하거나 도망할 염려가 있는 때 등으로 대별하고 있다.

성경에서 말하는 구속救贖의 의미는 대속代贖하여 구원하는 일, 즉, '죄악에서 건짐을 받는다.' 는 뜻이다. 전자는 사회법이고, 후자는 경제적 개념이다.

그렇다면 사회법에서의 구속은 피해자와 합의를 한다든가 3심의 재판을 받고 일정의 징역이라는 처벌을 받으면 자유의 몸이 된다. 반면, 구약성경 호세아3장을 보면 호세아가 고멜을 위하여 은 열다섯 개와 보리 한호벨 반을 지불했기 때문에 고멜은 다시 노예생활을 할 필요가 없다고 나온다. 성경에서 우리의 구원에 대하여 '구속救贖되었다'는 표현을 많이 쓰고 있다. 과거에 죄를 지은 것 때문에 침체될 때 예수그리스도의 피가 나를 온전케 했다는 것을 믿고 옛 기억이 나를 속박하지 못하게 해야 한다.

사탄은 우리들의 눈과 귀를 가리고 하나님이 우리에게 내려주시는 축복을 볼 수 없게 늘 방해한다. 그러기 때문에 모든 사람은 이 땅에서 영원히 살 것처럼 착각하며 살고 있다.

죄는 언제나 사탄과 직결되어 있다. 그러기에 하나님의 독생자 예수그리스도는 십자가의 죽음이라는 댓가를 대신 지불하여 주셨다. 구약성경 레위기 17:11절을 보면 '육체의 생명은 피에 있으므로 피가 죄를 속하느니라'고 말씀하고 계시다.

구속의 보혈은 죄와 우리의 관계가 완전히 단절되었음을 보여준 것이다.

신약성경 요한복음 16:15절에서는 '무릇 아버지께 있는 것은 다 내 것이라. 그러므로 내가 말하기를 그가 내 것을 가지고 너희에게 알리리라.' 하였다. 따라서 사회의 법인 구속拘束은 물리적으로 자유를 빼앗고, 격리수용하여 반성하게 하고, 후회를 강요하여 육체적, 정신적, 물질적 고통을 안겨 준다.

성도뿐만 아니라 믿지 않는 사람도 구원을 받아야 한다. 밤이 깊어지면 다시는 새벽이 올 것 같지 않으나 새벽은 분명하게 온다.

고난에 있는 수형인들은 '땅을 적시는 늦은 비' 같이 하나님은 자신을 찾는 자를 절대로 실망시키지 않으며 너그럽게 안으신다.

하나님은 새벽빛과 같이, 땅을 적시는 늦은 비같이 반드시 찾아오셔서 치료해주시고, 그 눈에서 흘린 눈물을 날수대로 갚아서 그 모든 고통과 아픔을 싸매주시고 은혜를 주신다.

죄라고 하는 것은 얼마나 다양한 얼굴을 가지고 있는지 알 수 없다. 위정자, 지도자들의 죄는 너무 깊이 감추어져 있기 때문에 다른 사람들은 그 사실을 모른다. 그리고 다른 하나는 너무나도 보편화되어 사람들이 미처 그것을 느끼지 못하는 가운데 죄를 짓고 있다.

구속拘束이라는 최악의 상황에서 의지해야 할 곳은 오직 그리스도의 기도와 구속救續의 처방뿐이다. 더욱 정신적 파산을 막는 길은 오직 구속의 은총이며, 그 요건은 우리의 삶에 하나님의 말씀이 첫 번째 자리가 되게 해야 한다. 요한복음 8:30에는 이런 말씀이 있다. '진리가 너희를 자유롭게 하리라.' 인디언은 뛰어가다가도 뒤를 돌아본다고 한다. 자기의 영혼이 따라오고 있는가를 살펴본다는 것이다.

고난이란 단어는 성경에 히브리어 12개와 헬라어 21개나 수록 되어 있다. 고난을 아프게 한다, 환란을 당한다, 억압을 받는다, 괴롭힌다, 허용한다, 떠난다, 홀로 남는다, 등이다. 고난의 성경적 의미는 죄에 대한 하나님의 심판이고, 분명 보다 큰 악을 막기 위한 경고훈령일진대, 탕자가 되지 말고 구속의 은총을 받고 새롭게 태어나야 할 것이다.

가족Family
– 전동차 안에서 어느 시각장애인부부의 애절한 사랑

표현하지 않는 것은 사랑이 아니라고 했던가?

가족Family이라는 단어의 어원이 "Father And Mother I Love You"라는 이야기가 있다. 가족을 지탱하는 가장 큰 힘은 바로 구성원들간의 사랑에 있다는 데에 이유를 다는 사람은 없을 것이다.

필자는 어떤 일로 충무로역에서 전동차를 타고 오이도 쪽으로 다녀온 일이 있었다. 그때 보았던 일이 너무 인상적이어서 잊혀지지 않는다.

전동차 안이 한가로워서 필자가 잠시 사념과 회억에 눈을 감고 있는 사이, 30대 후반으로 보이는 시각장애인부부의 대화를 듣게 되었다.

여자가 물었다.

“자기 가운 색깔이 어떤 색이야?”

그러자 남편이 대답했다.

“응, 흑색이지. 당신의 가운 색깔은?”

“청색이야.”

나는 그들의 말을 듣고 내 귀를 의심, 감았던 눈을 뜨고 그 시각장애인부부를 살펴보았지만 그들은 분명 시각장애인임에 틀림없었다.

그 부부는 비록 눈으로 보지는 못할망정 ‘인간은 무의식의 산물’이라는 프로이드의 말처럼 무의식에서 느낌만으로 사물을 파악하는 놀라운 능력을 보여주었다. 성경에서 생각을 조절하는 요셉, 다니엘 같은 부부임에 틀림없었다.

가족이란 단어의 사전적 설명은 ‘어버이와 자식, 형제자매, 부부 등 혈연과 혼인관계 등으로 한 집안을 이룬 사람들의 집단’이다.

가족이 달력을 하루하루 지워가는데 꼭 좋은 일만 있겠는가?

볼테르가 “운같은 것은 없다, 모든 것이 시련과 형벌 그리고 선견先見과 보상이다”라고 말했듯이 그런 가운데 사는 것이 가족이다. 연로한 영화배우가 출연한 ‘어머니’라는 영화의 노래가사 가운데 ‘촛불은 울지 않고 소리 없이 밝게 비춰준다’는 노랫말처럼 ‘작은 행복은 마음’으로 만져보면서 살아가는 것이다.

노벨문학상 수상자인 까뮈는 1960년 교통사고로 죽기

얼마 전 그의 노트에 남긴 글에서 "나는 알제리에 계신 어머니를 잊을 수 없다. 나는 어머니의 눈동자를 바라볼 때마다 뜨거운 눈물이 솟아났다. 자식을 위해 매일 뜨거운 눈물을 흘리던 어머니의 모습이었다."고 회고했다.

까뮈의 어머니는 귀먹은 불구자였지만 자식들을 정성들여 양육했기 때문에 그가 따뜻한 가정을 기억할 수 있었던 것이다.

성경에서 "아내는 남편에 대해 교회가 그리스도에게 하듯 순종하며, 남편은 아내를 그리스도가 교회에 하듯 아껴주며, 자식은 부모를 공경하고, 부모는 자식에게 대해 노엽게 하지 말라"고 가르친다.

그 시각장애인부부는 이내 두 손을 서로 맞잡고 귓속에 사랑의 향기를 뿜어 주며, 그 아름다움과 고귀함을 한껏 나누고 있었다.

언젠가 미국 영화를 보노라니, 70세의 할머니와 72살된 남편이 모처럼 외식을 했다. 집에 돌아.온 노부부는 와인을 한 잔씩 하고 기분이 좋았다. 그때 남편이 "오늘밤?"하고 섹스를 요구하자 할머니가 흔쾌히 승낙했다. 그 노부부의 섹스는 젊은 날의 그때만큼은 아니었지만 아름다운 밤을 만드는데 충분했다. 그런데 그 남편이 아침 산책을 하다가 쓰러져 응급실에서 눈을 감았다. 그러나 행복幸福하고 편안하게 보였다.

요즈음 부부들은 자기들 마음대로 행동하고, 남편과 각방을 쓰는 경향이 많다니, 성경 말씀이 아니더라도 한 집에서의 별거는 참사랑을 모르고 살아가는 것이다.

부부들이 현명하다면 항상 이번이 마지막 섹스라고 생각하고 최선最善을 다하라고 권하고 싶다. 아무리 20, 30년 사는 부부라도 늘 몸을 단정히 하고, 한두 방울의 향수로 아름답고 사랑스런 분위기를 연출할 줄 아는 여성이 되어야 한다.

그러나 그보다 더욱 빛나는 사랑은 마음의 등불이다. 가족에게 무엇이 소중한 것인지 늘 배려하며 더불어 사는 삶이 되어야 한다.

죄와 벌

　세상 살면서 가장 어려운 것 중 하나가 죄를 짓지 않고 살다가 하나님의 부르심을 따라 천국에 가는 것일 것이다. 가톨릭의 고해성사 의식에서는 다시 죄를 짓지 말라고 하지 않고 스스로 보복을 통해 죄를 끊으라고 한다. 사람들은 그만큼 죄에 대한 유혹을 떨쳐 내기가 정말 어렵다.
　우매한 인간들은 같은 잘못을 반복한다. 처음보다는 그 다음이, 그 다음보다는 또……
　이렇게 죄인들은 횟수를 더하며 양심이 없어져 간다. 이런 경우 형법에서는 누범 또는 재범이라고 한다. 우리는 진실한 회개 속에서 죄를 미워하고 하나님을 경외하는 마음으로 죄의 사슬을 끊어야 한다.
　작금에 만연하는 성적性的 타락과 보편적인 양심 없이

죄악으로 치닫고 있는 현실이 마음 아프다. 마음대로 안되는 것이 사람의 마음이지만 신앙은 고난 속에 다듬어진다. 우리는 시편 22장과 23장의 축복이 동전의 양면과 같이 함께 가는 것임을 알아야 한다. 우리 인간들은 한없이 연약하므로 하나님은 승리를 이끌어 낼 것이고 회개의 은혜를 체험하게 해 주실 것이다. 따라서 우리는 구체적인 신앙고백과 하바국 선지자의 마지막 신앙고백을 기억해야 한다. 우리들에게 죄가 잔존하는 한 새롭게 태어날 수 없다. 따라서 철저히 회개해야 하며 그 회개는 곤고한 마음을 녹이는 아름다운 열매가 될 것이다.

특히나 구치소 또는 교도소에 있는 수형인들은 시간을 뭉텅이로 잃게 되어 천금을 도둑맞는 느낌일 것이다. 그런데도 그들은 그저 어쩔 수 없으니 무료하게 허송세월을 하고 있다. 예수를 믿는 결단으로 자기를 되찾고, 황금같은 시간을 그저 보낼 것이 아니라 무엇인가 가져가려는 마음의 자세가 필요하다.

신경숙 시인은 시집 《흔들리는 것을 위하여》에서 "시들지 않는 꽃과 같이 영원히 시간이 멈춘 것처럼 사람을 집중시키다가 어느덧 가버리는 게 여름이다."라고 했다. 수형인들은 긴 것 같으나 금세 바뀌는 계절 앞에서 무엇을 생각하고 있을까?

죄를 짓고 구속되는 것이 구속된 사람들만의 잘못인 양 내몰려 부부가 헤어지고, 친지가 이별하는 등 진정한 사랑을 찾아볼 수가 없으나 사실은 일정 부분 그 가족들에게도 책임이 있다.

바빌로니아계 탈무드 〈샤밧〉에서 '가족 중 누군가가 죄를 짓는 것을 막을 수 있으면서도 가만히 있는 자는 그 사람의 죄를 대신 져야 할 책임이 있다.'고 했다.

평생을 교도소, 구치소를 들락거리는 수형인들을 보면서 교도관들은 인간이 불쌍하다는 등 혀를 차고, 인간 이하로 비하하지만 수형인들은 죄인이고, 교도관은 벌이라는 어느 수형인의 말을 한번쯤 되새겨 볼 필요가 있다. 그 말은 수형인들은 징역을 살고 있지만 교도관들은 1년이면 6개월을 수형인들을 지키고 있으니 수형인과 별반 다를 바 없다는 말이다.

격언에 죄를 미워하지 사람은 미워하지 말라고 하듯이 누구든 죄로부터 자유스러울 수 없다. 사람들은 1%의 가능성에 대하여 100% 노력하고 있으며 'It isn't over, till it's over, 직역하면 '끝날 때까지는 끝이 아니다.' 라는 말이 있다 사람이 살면서 영원한 반성은 후회다. 사전적 반성은 앞으로 나아가기 위해서 아주 조금 뒤돌아보는 것이다. 그리고 후회는 과거를 그리워하면서 기억해내 그저 뒤돌아보는 것이다.

수형인들은 판사에게 잘못했다고 탄원서 또는 진정서를 쓴다. 그러나 사실은 반성문 혹은 호소문으로, 판사들에게 진실로 잘못을 빌며 써야 할 것이다.

또, 수형인들은 21세기를 달리는 첨단시대에 살고 있음에도 교도소나 구치소 교도관들은 수형인들의 지능에 따라 가지 못하고 있으니 그 주관부서인 법무부에서는 이런 점을 냉정하게 판단하고 교육과 교양에 힘써야 할 것이다. 아무리 수형인들이라고 하여도 개인의 행복 추구권까지 빼앗을 수는 없다. 인간의 기본권인 생존권과 마음까지 차압해서는 안 될 것이다.

수형인들은 어둠의 터널을 벗어나서 지평을 밝혀 줄 여명을 갈망하고 있다. 그 희망과 불빛을 찾아주고 소망을 갖게 하는 것이 교정당국이 할 일일 것이다.

수형인들은 한번 나고 죽으면 그만이라는 단선적 생사관生死觀에서 벗어나야 한다. 그래서 물질과 육체만이 최고라고 생각하고 탐욕과 쾌락과 안일만을 추구하지 말고 인간의 진정한 가치가 어디에 있는지 찾아내야 한다. 혹시 현대인들은 뿌리 없는 부평초마냥 떠다니는 것은 아닌지……

수형인들은 정신적으로 병든 세태 속에서 삶의 지표를 잃고 떠돌고 있다. 그리해서 비를 맞으며 겨울바다 위를 정처 없이 떠도는 갈매기들을 닮아 가고 있다. 어떻게 보면 수형인들은 구치소와 교도소에서 인생이라는 수레바퀴에 의해 빻아지고 있는 연자방아 속의 곡식 같기도 하고…… 《힘의 참된 의미》를 쓴 인제대학교 상계 백병원 최영민 교수는 "힘의 원리는 인간의 원리이며, 인간의 원리는 죄의 원리"라고 했다. 왜냐하면 인간의 힘으로 죄를 지어서 죄인이 되는 것이 아니라, 죄인이기 때문에 죄를 짓지 않을 수 없다고 한다.

성경에서 죄에 대하여 "아아, 괴로운 자로다, 누군가 나를 이 죄에서 건질 것인가?"하고 외치는 바울의 손은 참회의 손이었다. 죄를 범하면 먼저 가슴이 두근거린다. 가슴은 인간의 순결한 양심의 법정, 양심의 자리이며 시심詩心이 깃들인 곳이다. 그러기에 프랑스 모라리스트 보나르구는 "위대한 사상은 심정에서 나온다."고 말했다. 이 세상에서 가장 아름다운 것은 우리의 머리 위에서 반짝이는 별이며, 우리들의 가슴에 깃들인 도덕이다.

또한 예수님은 하나님의 말씀을 들었고, 공자는 하늘의 소리를 들었고, 석가는 아트만의 소리를 들었다. 구치소나 교도소에서 죄를 짓고 옥고를 치르고 있는 사람들 사이에서는 비상식적인 일들이 곳곳에서 일어나고 있다. 그들은 때로 밴댕이 속같이 마음 씀씀이가 좁아서 잘 토라지고 참회할 줄 모른다고 한다. 그 특수한 곳에 있을 때는 자유에 대한 갈망이 밀물처럼 밀려와 그때는 후회하고 참회하지만 날이 지나면 망각하고 죄를 짓는다니 안타까운 일이다. 태양은 또다시 떠서 '새날'이 오지만 그 날은 재감인들에게는 밝은 새날이 아니라 '헌날'보다 더 더러운 새날이 된다고 한다. 그러면서도 이 세상에서 가장 생각해주는 사람이 있다면 구치소나 교도소에서의 수형인들이라고 한다. 그들은 서로의 처지를 잘 이해하므로 상대를 위로하고 버팀목이 된다는 것이다.

절도죄로 들어온 어느 초범이 사형수가 있는 방에 들어갔다가 너무도 황당한 일을 당했다고 한다. 사연인즉 그 사형수는 40대 초반으로 모 구치소에서 7년을 살고 있었는데 초범 수형인의 '거시기'에 나쁜짓을 하려고 했다가 그 초범이 고발하여 2개월의 징벌을 받았다고 한다. 그 사형수가 그 못된 짓을 그곳을 거쳐가는 재감인들에게 하려고 했다는데 놀라지 않을 수 없다.

많은 수형인들은 어둠 속에서 빛을 얻어낼 수만 있다면 그것이 그 사람의 삶을 떠받쳐주는 원동력이 될 것이다. 흔히 사람들이 후회, 후회하는데, 후회는 죄진 사람이 가지고 가는 평생의 짐이다. 죄는 처음에는 거미줄처럼 약하지만 나중에는 배를 매어두는 밧줄같이 굵어진다. 그러니 처음이라고 가볍게 생각하지 말고 죄를 짓지 않는 것이 중요하다. 이런 말이 있다, 죄는 처음에는 나그네이지만 그대로 두면 주인을 쫓아내고 주인의 행세를 한다는. 교도소, 구치소에서 옥살이를 하는 수형인들은 모두가 억울하고 잘못이 없다고 항변하지만 어디 죄없이 징역형을 받겠는가? 물론 판단이 조금은 차이가 있을 수 있지만.

영국 속담에 '좀도둑은 벌을 받지만, 큰 도둑은 상을 받는다.'라고 하듯이 지금의 현실에서 그런 면도 있다. 공자는 '하늘의 죄를 받으면 빌 곳이 없다.'고 했다.

죄는 동전의 앞이 되고 뒤가 되기도 한다. 어떤 수형인은 삶의 목마름이라고 하면서 살아가야 할 한 줄기 의미를 부여잡고 싶은 간절한 욕구와 동일하다고 고백한다. 또한 J.란체스터는 "삶은 100%의 사망률을 기록하는 불치병이다."라고 하듯이 죄를 짓지 않고 산다는 것이 그렇게 쉽겠는가?

성경과 불경에서는 "헛되고 헛되도다," "다 지나가노니"
로 인생을 함축한다. 우리들은 풍요를 누리며 행복하게 살
기 위해서는 남에게 무엇인가를 주어야 사는 것으로 착각
하고 있다. 그리고 피드백feed-back도 모른 채 인정사정
볼 것 없이 잘 살기 위해서는 살인도 마다하지 않는 현실
이 아닌가? 단순하게 사는 방법 중 '행복하게 사는 길'에
서 작가는 '늘리려 하지 말고 줄여라, 쌓지 말고 비워라,
긴장하지 말고 풀어라, 과속하지 말고 감속하라.' 라고 하
고 있다.

욕심이 많으면 사망에 이름을 성경을 통해서 배워야 한
다. 베트남 스님 틱낫(74세)은 화Anger에서 "과거나 미래에
연연하지 말고 지금 이 순간에 존재하라." 고 하면서 과거
에 대한 집착과 미래에 대한 불안, 그리고 현재의 걱정과
두려움에 사료 잡혀 있다면 진정으로 사랑이 있다고 할
수 없다."고 깊게 해석까지 했다. 플라톤은 "인간이란 털
없는 두 마리의 짐승이다."라고 말했다.

무릇 구원의 확신을 가지고 혼탁한 이 사회에서 벗어나
큰 죄에 빠진 우리들을 그리스도의 품에 품어 달라는 눈
물의 기도가 필요하다.

대체적으로 죄인들은 에고이스트(Egoist이기주의자이며 페
시미스트Pessimist, 비관론자, 염세가라고들 한다.

채근담은 '간이 병들면 눈이 안 보이게 되고, 신이 병들

면 귀가 안 들리게 된다. 병은 사람이 못보는 곳에 생기어 반드시 사람이 볼 수 있는 곳에 나타나는지라 그러므로 사람이 밝히는 곳에 죄를 얻지 않으려면 먼저 사람이 안 보는 곳에서 죄를 짓지 말라.' 라고 했다. 잠언 기자는 28:5 ~6절에서 "악인은 공의를 깨닫지 못하나 여호와를 찾은 자는 모든 것을 깨닫느니라, 성실하게 행하는 가난한 자는 사곡私曲히 행하는 부자보다 나으니라."라고 말씀하셨다.

신은 가끔 한번씩은 빵 대신 벽돌을 던져 주시는데 어떤 사람은 원망하면서 벽돌을 차다가 발가락 하나가 더 부러지기도 하고, 어떤 사람은 그 벽돌을 주춧돌로 삼아 좋은 집을 짓는다는 이야기를 들은 일이 있다. 수형인이기에 감옥에 갇혀 모든 것을 체념하고 두 눈을 감아 버릴 수밖에 없지만 아픔은 원래 잠시인 것. 붙잡아 두지 않는다면 그 고통이 오히려 자신을 철들게 하는 보약이 된다.

가는 길이 어둡고 긴 터널이지만 길은 있고, 그 터널은 밝음의 빛을 주는 것, 그리고 보이는 법! 영어에서 살다보면 언젠가는 그리운 가족을 만날 것이고, 모든 일이 뜻대로 될 것이기에 흙탕물에서 벗어나 바닷물을 정화시키는 보이지 않는 미생물이 되어 이웃에 봉사하고 빛과 소금이 되어야 할 것이다.

마귀는 따로 있지 않다. 자기만 알고, 자기만 내세우는 그 마음이 곧 마귀다. 작은 행복으로 소망을 갖자.

누가 그렇게 했느냐고……

하늘은 높고 들녘에는 황금물결이 펼쳐져 사람들의 마음을 여유롭게 해준다. 추석이 오는 길목에서 손에 손을 잡은 젊은 부부들이 거리를 분주히 걷고 있었다.

에누리 없는 세상, 노신사는 아주 조심스럽게 외곽순환로로 퇴근하고 있었다. 그런데 수리터널 180㎞ 판교지점에 이르렀을 때 전방에서 깜박이를 켜지 않고 그 좁은 공간으로 끼어드는 차가 있었다. 그 차는 39가 691X호, 은색 독일산 승용차가 마치 서커스라도 하듯 갈지자로 도로를 비집더니 그 노신사의 차량 앞으로 끼어들어 등골이 오싹케 하였다.

그 노신사는 이순耳順의 나이에 평생 난폭한 자를 보지 못해서일까?

너무도 황당하여 그 자가 마치 바퀴벌레같이 느껴져 발로 으깨고 싶어지면서 요즈음 세상의 단면을 보는 듯하여 입맛이 썼다.

그 자는 그런 난폭운전도 부족하여 노신사의 차량우측에서 금방이라도 돌진할 것처럼 위협을 해왔다. 노신사는 극도로 화가 나서 차를 갓길에 정차하고 도대체 무슨 일로 이렇게 무법천지 운전을 하느냐고 나이에 어울리지 않게 밀고 밀치는 실랑이를 벌였다. 약 10여분 흘렀을까?

그 난폭운전자는 젊은이였다. 운전석 옆좌석에는 아주 어려 보이는 여자가 동승하고 있었다. 그래서 어디를 급하게 가야하길래 그런 서커스 같은 운전을 하여야만 했는지 몹시 궁금도 했다.

그 노신사는 그런 삶을 살아보지 않았기에 말이다.

노신사는 젊은 여자에게 어쩌다가 이 늦은 시간에 저런 무모한 운전자와 동행하는지 물었다. 그랬더니 그 여자는 양심이 있어 한숨과 더불어 "미안합니다."라고 정중하게 사과했다. 이 말 한마디에 노신사는 모든게 얼음에 풀리듯 풀려 그 자를 용서하며 "젊은이 아무리 급하다고 그렇게 난폭한 운전으로 남에게 피해를 주면 못쓰네"하고 타일렀다.

그 사람의 차량을 조회한 결과 그 차량은 한 순간 쾌락을 즐기기 위하여 대여했음이 밝혀졌다. 노신사는 아연 놀라지 않을 수 없었다.

노신사는 '나도 저만한 여자 자식이 있는데 참으로 안

되었구만!' 중얼거리며 다 늙은 차량을 끌고 어두운 터널을 빠져나갔다.

아름다움 중에서 가장 아름다운 것은 '사람과의 만남'이라고 했다. 그러나 난폭한 운전자와 같은 사람은 두 번 다시 만날까 두렵다. 신사는 마태복음 5:13~16절의 "너희는 세상의 빛과 소금이라"라는 말씀이 그대로 실천되어지길 간절히 소망했다. 그리고 '홉슨의 선택Hobson's Choice의 여지가 없는 그 사람과의 만남이 아니었으면 했다.

"미움은 강인함이 아니라 나약함의 다른 모습이고, 용서는 내 마음을 갉아먹는 미움과 원망을 몰아낸다는 점에서 남을 위한 것이 아니라 자기 자신에게 베푸는 가장 큰 자비이고 사랑이라."고 한 티베트의 달라이라마의 말을 생각했다. 또 "말은 마음의 열쇠다. 이야기가 아무런 도움이 되지 않을 때에는 단 한마디라도 허비다."라는 중국의 속담도 생각했다. 그리고 조금전 실랑이를 벌이면서 마구잡이식으로 말한 것을 후회했다.

실천적 경제학자이며 환경운동가로 유명한 'E F 슈마허'가 남긴 "천천히 조금씩 물이 흘러가듯 인생을 살아야 한다."라는 말로 남은 여생을 살리라고 다짐했다.

자급자족自給自足

삶의 고단함은 때론 사람을 깊이 있게 한다.

'작은 것이 아름답다.' 실천적 경제학자이며 환경운동가로 유명한 E F 슈마허가 남긴 말이다.

우리는 아무리 당혹스런 일이나 생각 외의 재앙과 고통에서도 사려 깊고 차분하게 행동해야 한다. 방황도 하고, 자유를 빼앗겨 감옥에도 가고 가족과 생이별을 할 때에도 천천히, 조금씩 물이 흘러가듯, 인생을 살아야 한다. 모든 것을 하나님에게 맡기고 오직 기도로 자급자족해야 한다.

어떤 경우든 머리와 가슴이 따뜻하고 냉철한 사람이 되어야 한다.

구치소나 교도소라는 교정기관이 아니라 생각의 세포들이 자꾸만 죽어가고 있다.

인간들은 스스로 호소하고 반성하며 회억할 수 있다면 아포트시스를 일으키고 있는 세포만큼 건강한 것이다.

성경의 '내가 비천에 처할 줄도 알고, 풍부에 처할 줄도 알아 모든 일에 배부름과 배고픔, 그리고 풍부와 궁핍에도 적응할 수 있는 일체의 비결을 배웠노라'는 말과 같이, 자유를 빼앗긴 그 자리에서 자급자족으로 충실한 삶을 찾아야 한다.

전국에 구속된 피의자, 피고인들 7만 명이 있다. 그들은 죄를 짓고, 이제 인생이 끝났다고 생을 포기하지 말고, 바울의 유명한 고백(빌립보서4:11)에서 '오랜 세월을 통해서 마침내 자족할 줄 아는 것을 배우게 되었다'고 하듯이 수형인들은 부단한 내적인 통제, 그리고 평안함으로 자족해야 한다.

미국의 워던위일스비는 설교에서 '자족이란 온도조절기와 같다'고 하면서, '오늘날 대부분의 사람들은 온도조절기가 아니라 온도기와 같은 삶을 살고 있다.'고 했다.

어느 방송의 길거리 특강에서 서 모 여사는 '삶에서 다시 오지 않는 기회를 잃어버리지 말고, 현재 살고 있는 환경을 속단하지 말며 사람이 이승에서 살 수 있는 것은 한 번의 기회이니 장래의 삶도 내가 선택해야한다.'고 말했다. 우리는 어떤 처지에 있더라도 자족해야 하고, 교육은 높은 이상도 좋지만 밑바닥 배움도 필요하다.

사람은 살면서 끝없이 잘못을 범할진대 그 잘못을 후회만하고, 또 좌절만 한다면 한낱 전과자라는 오명으로 평생 자신을 확대하다가 죽고 말 것이다.

아름답게 자족한 한 일례로 어느 조각가가 있었다. 그런데 그 조각가는 작품을 만들다가 오른손을 잃었다. 그럼에도 불구하고 그는 오른손으로 조각한 것보다 더 우수한 작품으로 완성했다. 그것은 자신을 사랑하고 자족한 것이다.

우리는 바울이 평생 좌우명(로마서8:28)에서 "하나님께서는 하나님을 사랑하는 사람들, 곧 그분의 목적에 따라 부르심을 받은 우리들의 유익을 위하여, 자기의 모든 일을 함께 협력하게 하신다는 것을 압니다."라고 한 고백과 같이 우리들의 고백이 되기를 바란다.

속담에 자기 두레박줄이 짧은 것을 생각하지 않고 옆집 우물 깊은 것을 원망, 불평한다는 말이 있다. 잃어버린 것보다 소유하고 있는 것이 더 많으니 자족하면서 감사함으로 살자.

품격品格

　밤은 깊어 가는데 말(言)에 상처를 입어 잠을 못 이루고 이리 저리 뒤척이다가 사람의 품격과 사람의 향기에 대하여 사고思考하면서, 어느 시인은 고백을 하지 않을 수 없었다. 나이가 들수록 세상을 살기가 두렵고 사람과 사람의 관계가 그렇게 어려울 수 없었다. 그렇다고 오던 길을 다시 반복하여 돌아갈 수도 없고, 가던 길을 그대로 갈 수만도 없는 것이 인생의 길이기에 더 더욱 두렵고 조심스러웠다.

　그 시인은 신앙심이 그다지 깊은 것도 아니지만 그렇다고 믿음이 없는 것도 아니다. 그런데 아담한 교회에 시무하는 그는 성경공부를 하던 중, 자신의 시집을 읽어 보고

자 하는 성도들이 있기에 마음에 그리 내키지는 않지만 몇 권을 기증했다. 그러자 연륜이 있는 성도 중에 감사함을 표시하는 성도도 있어 시집 기증에 마음이 흐뭇했는데 호사다마라고 했던가.

40대 초반에 있는 한 젊은 집사가 온통 세상을 자기 혼자 걸머쥐고 가는 사람마냥 혼자 잘난 척했다. 그는 어느 시장이 운동권 시장인데 실력이 없고, 호남 사람들이 표를 주어 시장이 되었다는 둥, 성도로서 본이 안되는 말을 하고 다녔다. 또 그 시인과 전혀 관계도 없는 모 대학 교수 이름을 들먹이며 피해가 가는 말을 하므로 은혜를 받지 못했다. 그 젊은이는 그 시인의 시류에 대하여 정확하지 못한 빗나간 말로 마음의 상처를 주었다.

그 시인은 밤잠을 설치면서 생각한 끝에 신앙차원에서 용서하기로 하고 다음날 그 젊은 집사에게 '내 허물은 보지 못하고 남의 허물을 들추는 그런 어리석은 행동과 언행에 신중을 기할 것'을 충고했다.

세상 사람들은 자기 기분에 맞지 않아 욕할 때 '개 같은 새끼'라고 한다. 그 말은 하등 동물이며 감정이 없는 개보다 못하다는 용어이고 보니, 얼마나 듣기 싫은 욕설인가.

개는 지능지수가 낮음에도 자기에게 사랑을 주는 주인을 위하여 봉사한다. 개가 한강둔치에서 운동하는 주인의 안내견 노릇을 한다는 어느 신문 기사를 보고, 불현듯 그 젊은 집사의 돌출행동을 생각했다. 그 시인은 화살과 같은

아름답지 못한 말을 던지는 그 집사에서 실망하지 않을
수 없으면서도 인생의 선배로 전화를 걸어 다시 한번 정
중하게 세상 사람과 분별된 삶을 살라고 충고하고, 교회에
서 직분도 가지고 있으니 교양과 상식이 있는 사람이 되
어 달라고 했다.

거리에 나가면 많은 차량들이 홍수처럼 밀물과 썰물을
이룬다. 그 많은 차량들이 도로 교통법을 준행함으로 질서
가 있고, 그 바탕 위에 국가가 있다. 마찬가지로 수많은
교인들이 하나님 말씀을 진실되게 행함으로 믿음이 굳어
지고, 일반 세상 사람과 차별 있는 아름다운 삶의 향기가
있으리라. 하니 그 젊은 집사는 자기의 언행을 적당히 하
고 차제에 회개로 집사의 직분을 성실히 수행할 것을 소
망한다.

부싯돌만큼 소중所重한 아내

창밖에는 어느새 가을이 노랗게 저물어 간다.

만추晩秋의 달 11월의 첫째 주말, 청계산 터널을 지나면서 문득 성철 스님의 "산은 산이요, 물은 물이로다"라는 화두에 잠시 마음을 터 잡으면서 소중한 아내 생각에 가슴이 미어짐을 어찌하리!

인고忍苦의 세월歲月, 서풍西風의 공무원 남편을 내조하는 한편, 올망졸망 자식들 양육과 시부모님 모시면서도 불평 없이 많은 세월을 잘 견디어 주었다. 그런데 뜻하지 않게 속으로 병을 키워왔으니 시커멓게 타들어 가는 내 가슴에는 노을이 진다.

성경의 시편 기자는 하나님께서 "차돌로 샘물이 되게

하셨도다"(시편114:8)라고 노래함으로써 광야에서 기적을 암시했다. 이와 같이 홀홀단신 고독한 나의 반려자로 긴 세월동안 동행하여 온 아내에게 어떻게 보은報恩할 손가?

내내 건강하던 아내가 어느 날 갑작스럽게 갑상선甲狀腺이 안 좋다는 진단을 받더니 갑상선암으로 전이되어 수술을 받아야 한다니 실감이 나지 않는다. 돌이켜보면 지나온 세월, 남편으로서 잘못한 것만 뇌리를 스칠 뿐이다. 혈기방장血氣方壯하여 지구라도 흔들 것 같았던 그 세월, 아무리 부부싸움은 칼로 물베기라고 하지만 부싯돌 같은 아내와 그 얼마나 많이 싸웠던가?

무릇, 반려자이며 동행자인 아내와는 서로 존경하고 배려가 두터워야 한다. 물론 칼로 어떻게 물을 베겠는가 만은 칼로 물을 베는 것도 자주하면 마음이 소원해질 것이다.

에베소서 5:22~30에는 아내와 남편과의 관계를 교회와 그리스도의 관계로 비유하였다.

그러할진대 소중한 아내가 수술을 목전에 두고 있으니 죄스럽고 미안할 뿐이다. 다만 마음 착한 아내이니 성공적인 수술로 건강을 되찾을 것을 확신한다. 또한 그리스도께서도 선한 백성인 아내에게 완벽한 치유의 역사를 이루어 주실 줄 믿는다.

나는 지금 아내의 간절한 기도로 그리스도인이 되어 중보기도로 사랑을 하고 있으며, 그리스도의 뜻대로 살기를 소원하고 있다.

“손이 발바닥같구만!”
자조하는 아내가 무심코 내 뱉은 말이 가슴에 피멍이
들 만큼 마음을 아프게 한다.

부싯돌 같은 당신!
우리의 간절한 기도로 수술이 잘 될 줄 확신하노니 건
강한 모습을 되찾아 해 맑은 웃음 띄우며 우리 함께 성지
순례나 갔다오자구요!

어디로 가야 합니까?

'아빠, 엄마 이혼하지 마세요……'

초등학교 5~6학년 정도의 나이인 듯 보이는 정재영이라는 어린아이의 '아빠! 왜 이혼하려 하시나요? 아빠 이혼하시면 어린 나는 누구를 바라보아야 하나요? 엄마! 왜 이혼하려 하나요?' 라고 하는 그 절규는 우리 모두의 아픔이요, 우리들의 죄라고 할 수 있다.

누구나 열정적으로 사랑하여 한 가정을 만들고 한 몸이 되어 결혼 그 사랑의 결실이 우리 자녀이다. 그러나 한순간 감정의 변화로 핏덩이를 팽개치고 다른 남자의 품에 안기어 희희낙락하고도 사람이라 할 수 있을까?

필자가 알고 있는 어떤 성도는 가정교육이 전혀 되어 있지는 않지만 외모는 반반하게 생긴 여성과 결혼, 가정을 갖고 단둘이 직장생활을 하며 살고 있었다. 더욱 손이 귀한 그 가정에서 사내아이를 출생하여 한껏 사랑을 받고 그 아이가 세 살 되는 해까지 살았지만 남편과 번번이 의견충돌이 있었다. 웃어른이 그것을 알고 어른들 밑에 있으면 정서가 좀 나아질 것으로 생각, 그 부부들을 어른들 품으로 들어오게 하였지만 그것은 판단착오였다. 오히려 환갑이 넘은 시어머니가 아침에 식사를 해 바치는 지경에 이르렀고, 시동생이 기거하는 방에 짧은 속옷만 걸치고 출입을 하는 등 많은 문제가 노정되었다. 또한 비디오를 빌려 밤늦도록 보는 등 시간이 지날수록 식구들 모두가 고통의 나날이었다. 그러함에도 조금도 자기의 잘못이 무엇인지 깨닫지 못하고, 그런 것을 지적하고 충고하는 어른들에게 반항하기가 일쑤였다. 급기야 다시 나가 살도록 권유했지만 거절하면서 웃어른들에게 도전하는 볼꼴사나운 반항까지 보이는지라 용서가 분노로 변하여 돌아올 수 없는 강이 되어 누가누구를 탓할 수 없이 최악으로 치닫고 말았다.

그 후 남자 쪽과 여자 쪽이 피투성이가 되도록 싸웠고, 있는 말, 없는 말, 입으로 나오면 모두 토설했다. 그러하니 감정은 더욱 악화되었다. 또 여자 쪽에서 남자쪽 부모님이 다니는 교회 목사에게 마치 시부모가 며느리를 몰아낸 양 중상모략한 것을 그 목사는 진실로 믿고, 교회성도들에게 그와 같은 말을 하는 등 목사로써 본이 안된 언행을 하여 남자쪽에서는 상처를 입게 되었다.

그런 고통과 고난이 있음에도 어린아이의 할머니는 핏덩어리를 눈물을 뿌려 하나님에게 매달리면서 신앙의 말씀대로 양육하며 온실 속의 아름다운 꽃으로 키웠다.

그 어린아이는 올곧게 자라 하나님 말씀을 떠나서는 살 수 없음을 알고 교회생활과 학교생활에 충실하고 친구들과 우정을 쌓으며 지금은 초등학교 5학년에 재학 중이다. 그러나 그 아버지는 지금도 방황하고 어린자식에 대한 미안함과 아픔을 깨닫지 못하고 있어 부모님들은 지금도 그리스도께 간절한 기도로 하나님에게 돌아와 주기만을 소망하고 있다.

그 할머니가 바라기는 비록 그 어머니가 어린애를 유기하고 어떤 남자의 품안으로 갔는지는 모르지만 그 버린 자식에게 사랑과 양심이 있어 예수님을 섬기는 그리스도인이 되기를 간절히 바란단다.

'이혼, 재혼은 그저 불꽃놀이 같은 프로세스일 뿐'이라고 어느 작가가 말했듯 남녀가 서로를 잘 감싸주는 것 이것이 부부가 된 자들의 도리일 것이다. 물개는 수컷 한 마리가 암컷 20~30마리를 거느리며 처절한 일생을 살면서 스스로는 굶어도 수십 마리의 암컷들은 순산할 때까지 먹여 살린다고 한다. 하물며 사람이 되어 한 여자를 만나 무책임하게 헌 신짝 버리듯 버린 것을 볼 때 물개만도 못하지 않는가……

스웨덴 작가 스트린드베리의 "남자에게는 변명할 권리가 없는데 여자에게는 실컷 신음할 권리가 있다."라는 말은 생존경쟁에 있는 남성들의 고충을 이해하게 하기도 한다.

우리나라 한 해의 이혼율이 46%라니 참 서글픈 일이다. 그리고 180만의 중·고등학생 중에서 50만 명이 원조교제를 경험했다하니 대경실색할 뿐이다.

부부란, 3개월 연애하고, 3년 참고, 30년 사랑해야 한다는 프랑스의 격언이 생각난다. 아무리 사랑한다 해도 결혼하여 살다보면 어디 좋은 일만 있겠는가. 그러기에 티베트인 '달라이라마'는 '미움은 강인함이 아니라 나약함의 다른 모습이고, 그리고 용서는 내 마음을 갉아먹는 미움과 원망을 몰아낸다. 라고 '용서'라는 책에서 말하고 있다.

대법원과 보건복지부에 따르면 작년 한 해 이혼건수는 모두 16만 7,096건 (협의이혼 12만 1,088건, 소송이혼 4만 6,008건)으로 전년의 14만 5,324건보다 14%증가했다. 이혼소송의 원인으로는 배우자의 부정행위 46%, 부당한 대우 27.1%, 동거?부양 의무유기 9.0%, 직계존속에 대한 부당한 대우 6.2%가 그 뒤를 이었다. 3년도 못살고 헤어지는 것이 46.2%이라니 놀랍다. 그러나 그런 이혼으로 인하여 가슴에 피멍이 남는 애들은 어떻게 하란 말인가?

사랑이 무엇인지……. 정도의 차이야 있겠지만 뒤늦게 느끼는 사랑이 아니라 처음 느낀 그 사랑을 오래오래 간직했으면 한다.

'산이 저문다 / 노을이 잠긴다 / 저녁밥상에 애기가 없다 / 애기 앉던 방석에 한 쌍의 은수저 / 은수저 끝에 눈물이 고인다……'

김광균은 자식 잃은 슬픔을 주인 없는 은수저에서 아프
게 되새겼다.
이 시를 자식을 버리고 이혼한 부부들에게 한번 읽어
보라고 권하고 싶다.

아골 같은 고스톱

고스톱은 일본의 고이고이(오라오라)를 바탕으로 하치하치(팔팔)가 가미된 것으로서, 1960년대 한국에 수입되어 1980년대의 경제적 발달과 정치적 혼탁기를 타고 급속도로 퍼지게 되면서 오늘에 이르렀다.

화투花鬪라는 명칭은 17, 18세기 조선에서 번성했던 수투數鬪와 깊은 관련이 있는 듯하다. 현재 우리가 사용하고 있는 화투는 19세기 말에 일본 대마도 상인들에 의해 부산지방으로 처음 들어온 것으로 추정된다.

화투는 1940년 이후 일본군의 대륙정책의 일환으로 한국과 중국에 적극적으로 수출되어 군대 내에서만 허용된 일본 최초의 공영도박이었다. 그런데 우리나라에서 강제징용 및 군속으로 끌려갔던 사람인들에 의해 본격적으로

도입된 것으로 생각된다.

화투는 마흔 여덟 장의 딱지로 된 놀이기구다. 그 딱지에는 솔, 매조, 벚꽃, 흑싸리, 난초, 모란, 홍싸리, 명월, 국화, 단풍, 오동, 비 등 열두 가지 그림이 있고, 각 그림마다 네 장씩으로 만들어져 있다.

그 네 장의 딱지는 끗수별로 나뉘어 스무 끗(광), 열 끗, 다섯 끗, 그리고 껍질로 구성되어 있다. 놀이를 할 때는 두 사람 또는 세 사람이 할 수도 있고, 더 많은 사람이 할 경우에는 나머지 참가자는 순서에 따라 쉴 수 있으며 마지막 참여자는 광을 판다.

놀이 방법은 정하기에 따라 다르다. 이는 열거하지 않아도 우리나라에 거주하는 분이라면 잘 알고 있을 것이다. 요즈음은 치매예방에 좋다고 하여 권장도 한다는데 정말로 건강에 좋은지 필자로서는 잘 모르고 있다.

화투의 열두 장 그림은 1년의 각 월을 상징하며, 패를 떠서 당년 또는 그날의 신수를 보기도 한다.

보릿고개가 있던 궁핍한 시절에는 농촌에서 가을 추수를 마치고 별다른 할 일이 없는 농한기에 이 화투로 패가 망신한 사람들이 많이 있었다. 심지어 가정을 등지고, 사기도박을 일삼는 화투기술자가 되어 전국을 누비고 다니는 사람도 있었다.

도박 장소는 자연히 남들의 눈에 띄지 않는 은밀한 장소를 택했으며, 소를 팔아 탕진하기도 했다. 지금도 주부들이 남자들의 꾀임에 빠져 가정을 등지는 경우가 종종

있어 TV 화면에서 얼굴을 가리고 쥐구멍을 찾는 사람들을
가끔 본다.

　우리 민족은 투기노름에 초연하지는 못했던 것 같다.
　1940년 무렵에는 투전이 성행했다. 방법은 먼저 두터운
창호지를 손가락 크기로 자른 후 그 위에 사람이나 동물,
물고기, 문자, 싯귀詩句 등을 그리거나 쓰고 끗수를 표시한
다. 이 딱지를 부채살처럼 펴서 잡고 서로 뽑기를 하여 끗
수에 따라 돈을 따는 노름이었다. 그러다가 화투가 들어오
면서 투전은 없어지고 화투가 도박의 전형으로 토착화되
었다.
　화투는 일본에서 건너온 놀이지만 정작 일본에서는 사
라진 놀이다. 그러나 한국에서는 명절 때를 비롯하여 초상
집, 잔칫집 등 사람들이 모이는 곳이면 빠지지 않는 놀이
가 되었다.
　일본에서는 화투를 화찰(化札-하나후다)라고 부르며 월별
로 그들만의 주석이 있는 바, 기회가 있으면 상세히 소개
하고자 한다.

　그런데 이 고스톱이 요즈음은 컴퓨터 게임으로도 만들
어져 어른 아이 할것 없이 누구나 컴퓨터를 다룰 줄 아는
사람이라면 한번쯤 해보았을 것이다. 현금화할 수도 없는
이 허구의 점수에 마음을 빼앗겨 밤을 새우기도 했을 것
이다.

필자도 마음이 어수선할 때면 컴퓨터 고스톱 게임에 들어가 허망한 욕심을 부리다가 밤을 하얗게 새운 경우가 몇 번 있었다.

게임에서 기본 점수는 3점부터 시작되는데 도賭하여 패敗하면 그 점수를 만회하기 위하여 게임을 계속하곤 했다. 그렇게 하다보면 기본점수마저 몽땅 잃어버리게 된다. 그러면 다시 충전하여 10만 점의 기본점수를 더 받아 계속하는데 오기가 발동하여 욕심을 부리다가 점수를 완전히 빼앗길 때면 이것이 사람의 속성인 듯싶고, 남는 것은 후회뿐이다. 이것은 단순히 오락일 뿐이어서 망정이지 실제 노름이라면 큰일 날 노릇이다. 잘못된 욕심은 자신을 망하게 하고 가정을 몰락시키는 것이다.

선지자 야고보는 '욕심이 잉태한즉 죄를 낳고, 죄가 장성한즉 사망을 낳느니라.' (야고보서 1장 15절)고 했다. 이 말씀에 회개하며 눈물 뿌려 기도하면서 죄를 고백하지 않을 수 없다. 우리는 지나친 욕심을 부려 패가망신하는 일이 없도록 깊이 성찰했으면 한다.

세상 사는 작은 이야기

지은이 | 이창범
펴낸이 | 임종대
펴낸곳 | 미래문화사

초판 1쇄 인쇄 | 2005년 2월 14일
초판 1쇄 발행 | 2005년 2월 18일

등록 번호 | 제3-44호
등록 일자 | 1976년 10월 19일
주소 | 서울시 용산구 효창동 5-421
전화 | 715-4507/ 713-6647
팩시밀리 | 713-4805
E-mail | miraebooks@korea.com
mirae715@hanmail.net